JN441382

매듭 만들기

매듭 만들기

2009년 5월 20일 1판 1쇄 발행
2020년 5월 1일 4판 6쇄 발행

지은이 김은영
펴낸이 김현표
본부장 최진선
편집 심정은 · 원희진
디자인 이완술
일러스트 김혜경 · 노미자 · 박현아
사진 · 영상 임정환
제작 길유순

펴낸곳 **미진사**
주소 서울시 마포구 동교로 134 7층
전화 02-336-6084
팩스 02-338-5391
이메일 mijinsa@mijinsa.com
홈페이지 www.mijinsa.com
등록번호 제2020-000032호

ISBN 978-89-408-0521-3 (13630)
값 22,000원

이 책에 수록된 작품은 김은영의 작품이며,
그 외의 유물은 소장처를 별도로 표기하였습니다.

미진사 홈페이지(www.mijinsa.com)에서 〈매듭 만들기〉 동영상을 다운로드 하세요.
'독자공간'의 '공지사항'에 업로드되어 있습니다.

동영상 1. 귀도래매듭, 가락지매듭, 날개매듭, 도래매듭, 동심결매듭
동영상 2. 삼정자매듭, 생쪽매듭, 안경매듭, 연봉매듭
동영상 3. 국화매듭

매듭 만들기

김은영 지음

미진사

매듭의 재미

"너는 그렇게 꼬부리고 앉아만 있으니 사람 진이 다 빠지겠구나."

여름내 앉아서 작업하고 있는 나에게 친정어머니께서 하시는 말씀이다. 주위에서 보는 사람들이 딱해 할 정도로 이 매듭과 다회를 짜는 과정은 육체적으로 힘이 드는 작업이다. 비단실의 염색부터 쉬운 일이 아니다. 물감을 조금씩 물에 타서 물을 들이면서 얼룩이 지지 않도록 골고루 뒤집는다. 실이 마르면 젖어 있을 때의 색상과는 판이하게 다르므로 마른 후의 색을 잘 예측해야 한다. 염색을 다 한 후 말리는 작업도 신경을 안 쓸 수 없다. 통풍이 잘 되는 그늘을 찾아 걸어 자주 위아래를 바꿔주어야 한다. 다 마른 후 실을 실꾸리에 옮기는 일 또한 쉽지 않다. 속을 썩이기 시작하면 끝도 없이 엉킨다.

옛날 매듭장이들이 염색장, 해사장, 끈목장, 매듭장으로 나누어 했던 일을 혼자 손으로 다 하려니까 보통 일은 넘는다. 누가 시켜서 하는 일이 아니라 내가 좋아서 하는 일이라 누구 원망은 못하지만 매듭 작업을 하다 보면 내가 왜 이 힘든 일을 해야 하나 생각할 때가 종종 있다. 인공위성이 토성 사진까지 찍어 지구로 보내는 시대에 살고 있으면서 시간을 역행하는 작업을 하는 것이 이 다회 치는 일이다. 비단실을 다 감은 후 짜려는 실의 굵기에 따라 여러 겹을 합사해서 8사를 짤 때는 오른쪽으로 꼰 실 네 가닥, 왼쪽으로 꼰 실 네 가닥을 실틀에 앉혀 짜는데, 처음 배웠을 때는 하루 종일 매달려야 겨우 1m를 짤 수 있었다. 지금은 물론 숙련되어 많이 짤 수 있지만, 꼬부리고 앉아 끈목을 짜고 있노라면 두 시간이 채 못 되어 등짝이 아프기 시작한다(우리 애들 4남매는 엄마가 끈목 짤 때 늘 어깨를 두드려서 안마 솜씨는 수준급이다). 하지만 짜는 대로 차곡차곡 쌓이는

각색의 비단실을 보고 있노라면 흐뭇하다. 기계로 짠 끈목은 끈목의 눈이 또렷이 살지가 않아 밋밋하다.

38가지나 되는 전통 매듭의 이름은 우리가 주위에서 흔히 보는 꽃과 곤충들의 이름에서 따온 순수한 한국말이다. 매듭 모양은 하나하나 모두 특색이 살아 있다. 이상하게도 가지방석매듭을 맺을 때는 늘 마음이 동심으로 돌아간다. 내 나이 일고여덟 살쯤 한창 소꿉장난으로 시간 가는 줄 모르고 놀 때, 어머니가 콩을 다 꺼내고 버리신 콩깍지를 주워서 가로세로 엮어 방석을 만들며 놀곤 했다. 가지방석매듭의 구성이 이 콩깍지 엮은 모양과 서로 물려 있는 상태가 같다. 그래서 가지방석매듭을 맺고 있노라면 어린 시절에 대한 향수에 젖어들게 된다.

옛날 매듭 유물을 그대로 재현해서 만들며 이 유물을 가졌던 분은 어떤 사람이었을까 상상하며 즐기는 일도 매듭의 재미 중 하나이다. 시댁에 있는 안경집에 매듭을 세심하게 맺은 작품이 있다. 시어머님께서 아끼시던 안경집을 선뜻 내주어 작품을 하게 해주신 것도 고마웠지만, 그 안경집에 대해 설명해주시던 말씀이 더욱 소중하게 느껴졌다. 시아버님께서 모본단에 글을 써주신 것에 시어머님께서 수를 놓으셔서 시할아버님에게 만들어드린 안경집이었다. 안경집을 보다가 조선시대 선비들의 매듭 장신구 일습을 할 생각이 떠올라 도포끈, 귀주머니, 부채 끝에 다는 선추, 호패 등을 만들어보았다. 지금의 주민등록증 대신 호패를 가지고 다니게 하면 어떨까 하고 생각해보았지만 양복에는 역시 안 어울릴 것 같다. 요즘 남자들은 정장에 넥타이, 셔츠, 커프스 정도로나 멋을 내지만, 조선시대의 남자들은 구석구석 얼마나 멋지게 치장하고 다녔는지 모른다. 지금 남아 있는 유물을 보거나 혜원의 풍속도에 나오는 그 시대 한량들의 옷, 장신구를 보면 미루어 짐작할 수 있다. 남자들의 도포끈도 색상이 화려해서 당상관은 도홍띠, 선비들은 초록띠, 주사나 참봉은 회색띠, 초시는 보라색띠를 사용했다. 조상들의 물건들을 만지고 볼 때마다 그 분들은 참 멋을 알고 생활하신 것 같아, 그것을 공부하고 연구하는 것이 참 괜찮은 일인 것 같은 생각이 든다.

차례

매듭 맺기

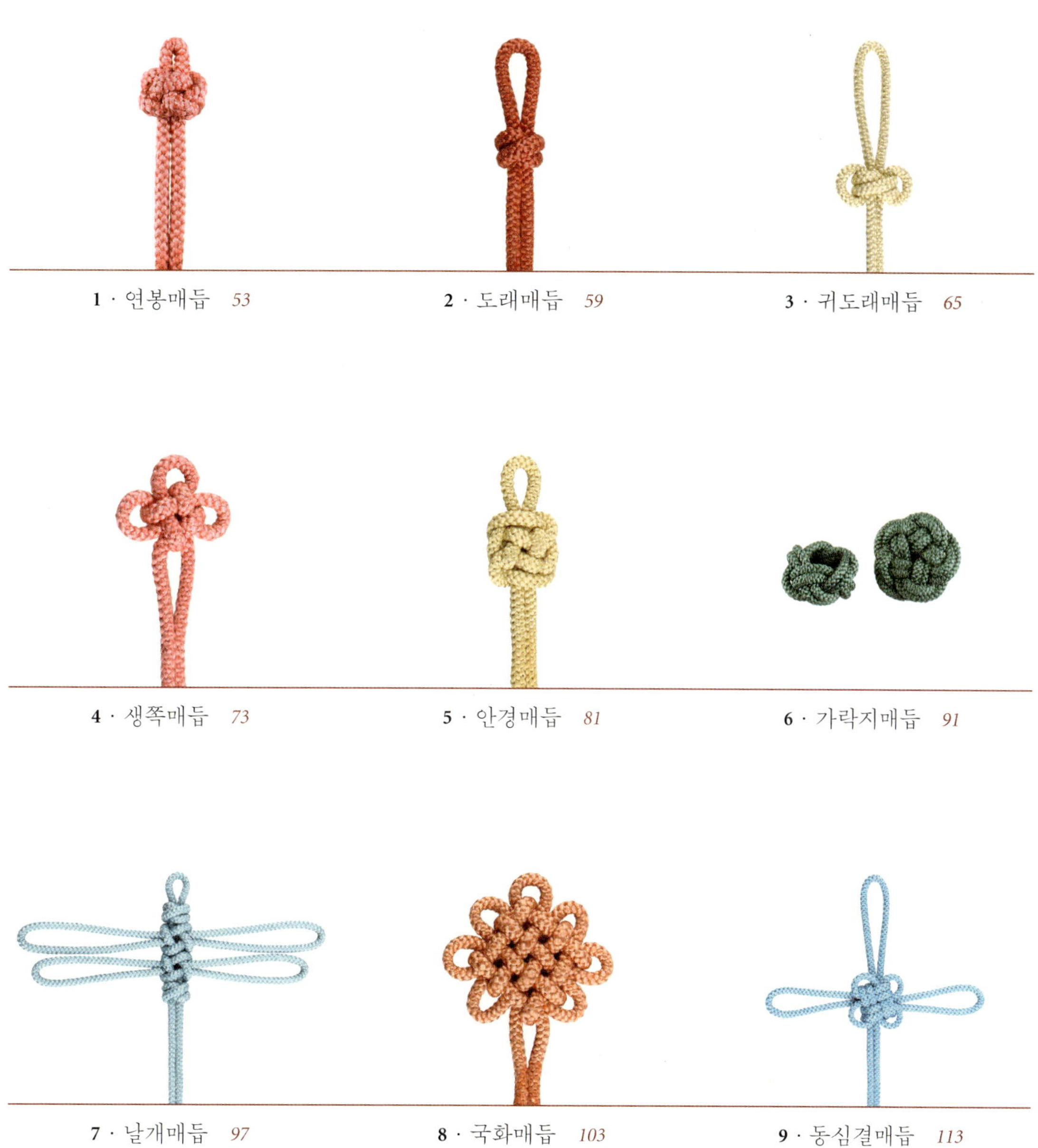

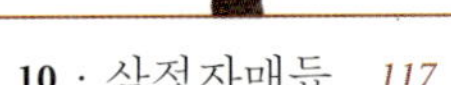

· 매듭 알기 ·

매듭의 기원과 발달

매듭은 인류의 창조 작업의 시원이라 볼 수 있는 엮고 맺고 짜는 섬유 제작에서 비롯되었다. 원시인류가 초목의 넝쿨 또는 나무껍질이나 짐승 가죽을 찢어 만든 끈 등으로 묶거나 맨 것은, 인간의 창조적 능력이 발아하면서 첫 번째로 시도한 예술적인 작업이라 할 수 있다. 매듭은 이미 신석기시대부터 인류가 정착생활을 하는 데 필요한 생활 수단으로 이용되었을 것으로 보인다.

사냥, 낚시 등에 필요한 수단으로 쓰이던 작업용 매듭이 문자나 숫자 같은 의사표시의 대용으로 쓰이기도 했다. 고대 잉카의 키푸(quipu)매듭이나 중국 고대의 결승(結繩)에 관한 기록으로 보아도 매듭이 문자와 숫자를 대신하였으며 정사(政事)에도 이용되었음을 알 수 있다. 더 나아가 운반·농경·건축 등의 분야에 폭넓게 활용되면서 시대와 민족의 생활 문화 향상과 더불어 각각의 지역적 특징을 살린 의식용 매듭·장식용 매듭·공업용 매듭으로 나뉘어 발전하게 되었다.

석기시대의 유물인 돌도끼나 돌칼의 구멍에 끈을 꿰어 쓴 흔적에서 생활용 매듭을 엿볼 수 있고, 청동기시대 유물인 방추차(紡錘車, 가락바퀴)와 관옥(管玉, 대롱옥), 곡옥(曲玉, 곱은 옥)을 통해서 섬유조직에 장식적인 효과를 가미하기 시작한 흔적을 발견할 수 있다.

생활을 위한 작업용 매듭으로 시작된 매듭이 인간의 미적 표현 욕구로 인하여 장식용 매듭으로 발전하게 되는 길 위에서 마크라메(macramé), 레이스, 편물 등의 섬유 작업으로 분화, 발전하게 되었다.

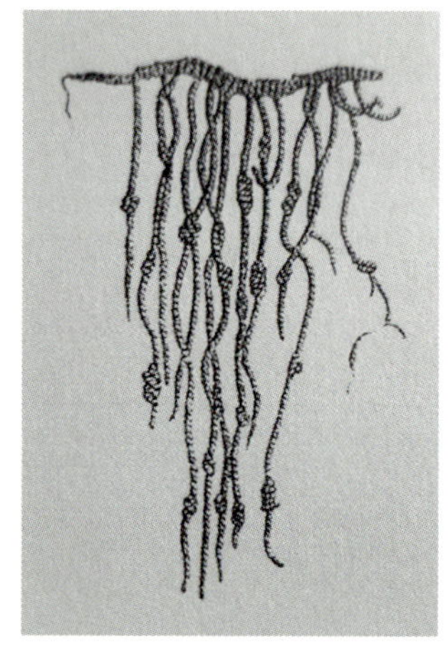

키푸 잉카 제국

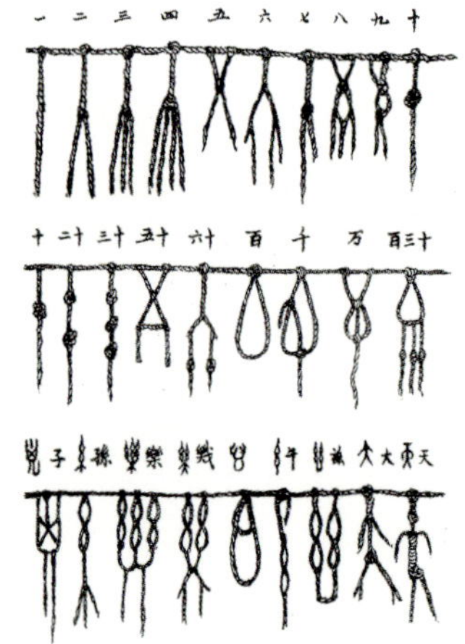

결승 중국 고대

방추차 청동기시대, 국립중앙박물관
방추차는 선사시대 방직술(紡織術)을 입증하는 것으로, 섬유를 이어 꼬아 가면서 실을 만드는 가장 원시적인 형태의 실 뽑는 도구이다. 중앙의 구멍에 방추차의 축이 될 긴 막대를 끼워 넣고 그 축을 돌리는 방법으로 실을 꼬아서 뽑는 데 사용한다. 방추차는 중세에 이르러 물레로 발전하였다.

곡옥 청동기시대, 경기도 화성시 양감면 용소리 출토, 길이 1.5-1.7cm, 국립중앙박물관

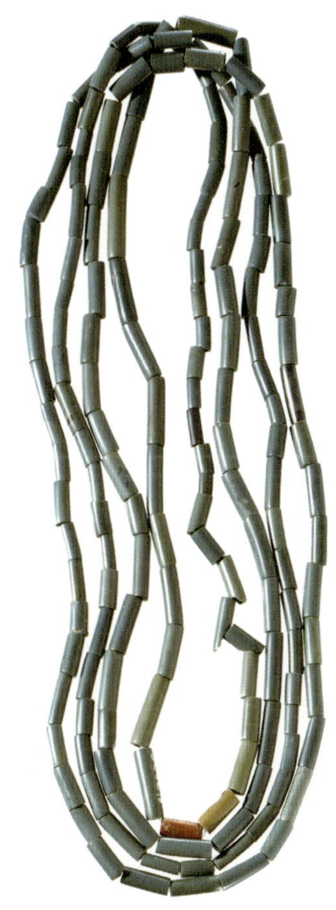

관옥 초기 철기시대, 충청남도 아산시 신창면 남성리 출토, 길이 각 1cm, 국립중앙박물관
관옥은 구멍을 뚫어 만든 짧은 대롱모양의 구슬로, 여러 개를 연결하여 목걸이로 사용했던 것으로 보인다. 청동기시대 대롱옥은 대부분 벽옥으로 만들어졌는데 이는 벽옥이 지닌 입자의 특징상 가늘고 긴 형태의 옥을 만드는데 유리하였기 때문으로 추정된다. 초기 철기시대까지 벽옥제 관옥이 사용되다가 점차 유리제 관옥으로 대체된다.

세계 속의 매듭

동양의 3국인 한국, 중국, 일본에는 공통된 매듭이 많지만, 쓰임새가 서로 다르고 매듭의 구성도 달라서 같은 느낌을 주지는 않는다.

우리나라에서는 매듭을 맺는 끈목을 다회(多繪)라 했는데, 이 매듭이나 끈목은 실생활 전반에 장식용으로 널리 애용되었고 삼국시대, 고려시대를 거쳐 조선시대에 접어들면서 용도가 더욱 다양해지고 사용계층도 넓어졌다. 장식용 매듭은 생활을 좀 더 아름답게 꾸미고자 하는 욕구에서 생겨났으므로, 명주실을 고운 색으로 염색하는 복잡한 과정을 거쳐 만들어지는 등 크게 발전하게 되었다.

중국의 매듭은 북경의 자금성, 대만의 고궁박물원, 장춘의 박물관에 소장되어 있는 청나라 때의 장신구에서 볼 수 있는데 수(壽), 복(福)과 같은 한자를 생쪽매듭으로 맺고 있다. 이는 같은 생쪽매듭이라도 우리나라에서는 전혀 쓰지 않는 구성이며, 끝에 달린 술도 길이의 비례가 우리의 것과는 다르다. 나비매듭을 보아도 날개의 형태가 우리 매듭과는 다르다는 것을 알 수 있다. 남아 있는 유물 중에는 원(圓)다회보다 느슨한 짜임새의 광(廣)다회로 된 매듭이 더 많이 보인다. 중국 의복의 허리에 장식되던 패옥의 매듭과 술도 한복에 장식하는 노리개와는 그 구성과 길이가 많이 다르다.

한국-대삼작 낙지발술 노리개
전체 길이 42cm, 술 길이 21cm

일본에는 특히 다도에서 쓰는 기구의 장식이나 선물을 싸는 데 매듭을 사용하였으며, 여자들의 옷인 기모노의 허리끈에도 매듭과 끈목이 실용화되어 쓰였다. 한편 스모를 하는 장소에 날개매듭과 짧은 술이 사용된 것을 볼 수 있는데, 이와 같은 크기의 매듭과 술이 발걸이 장식에도 사용되었다. 일본의 매듭은 우리나라의 매듭과 형태는 같으나 조이는 과정 없이 느슨하게 엮어만 놓아 전혀 다른 느낌을 준다. 일본의 오래된 끈목 유물로는 동대사(東大寺) 정창원에 소장된 백조대(白組帶, 시라구미다이)를 들 수 있다. 이 허리끈은 광다회로서 '고려조(高麗組)'라고 기록되어 있어 우리나라에서 전래된 것으로 보인다.

『고려사』에 우리나라와 중국 사이에 교역되던 국신물(國信物)의 하나로 우리나라에서 보낸 품목 중에 '생라삼백필(生羅三百匹)…'이라 기록된 것을 보아 고려 때 비단실이나 비단 짜는 기술이 발달했음을 알 수 있다. 그 밖에도 끈의 명칭 가운데 '신라조(新羅組)'라 부르는 것이 있고, 끈을 짜는 틀 중에 '고려타(高麗打)'라 불리는 것이 있는 것으로 보아 당시에 비단실을 짜는 틀이 일본으로 건너갔으리라고 짐작된다.

서양 매듭(마크라메)은 동양의 매듭과는 시작부터 달라서 여러 개의 잘린 끈을 엮어 패턴을 만드는 방식으로 매듭을 맺는다. 또 동양 매듭에서는 비단실로 만든 끈목을 쓰는 반면 서양 매듭에는 대부분 무명실이 사용된다. 그러나 망사매듭 혹은 칠보매듭, 전복술매듭, 가락지매듭처럼 동·서양에 공통된 매듭도 있다. 유럽 곳곳에서 가락지매듭으로 장식된 공예품을 볼 수 있는데, 그곳에서 자생된 매듭일 수도 있고 실크로드를 통해 전해졌을 가능성도 있다.

중국-수(壽) 매듭

일본-찻주전자 덮개 매듭

서양-마크라메

매듭의 역사

우리나라의 매듭은 문헌상의 기록이나 유물로는 배우기 어려워, 사람들의 손에서 손으로 전달되는 방식으로 긴 세월 동안 전승되어 왔다. 특히 매듭과 끈목, 술은 실생활에 쓰이지 않는 곳이 없을 만큼 그 용도가 다양하여, 조선시대 말기에는 서울의 시구문(지금의 왕십리) 근처에 매듭을 생업으로 하는 집들이 한 동네를 이루었다고 한다.

대청마루를 사이에 둔 안방이나 건넌방의 대나무 발은 한여름의 필수품이었는데, 이 대나무 발에는 매듭과 술로 이루어진 발걸이 매듭이 있어 그 길이를 조정해주었다. 또 한겨울에 쓰던 보온용 방장(房帳, 방문이나 창문에 치거나 두르는 휘장)도 낮에는 걷어야 했으므로 매듭 방장걸이가 필요했고, 옷을 걸어두던 횃대와 장롱 열쇠에도 매듭과 술을 다는 등 실내 장식 전반에 걸쳐 실용과 장식을 겸해 사용되었다. 특히 매듭 장식이 많이 쓰였던 것은 초파일 날 부처님을 법당에서 모시고 나오는 연(輦)과 결혼식 때 신부가 타던 가마, 왕이 타던 연이였다.

사각 사등 매듭 길이 48cm

조선시대의 남자나 여자 장신구에도 매듭이 많이 사용되었다. 남자용 도포끈과 술은 외출용 의상인 도포의 모양을 끝맺음해주었으며, 지금의 주민등록증과 같은 호패도 술과 끈목이 있어야 허리끈에 달 수 있었다. 또 벼슬을 한 사람만이 달 수 있었던 부채의 선추(扇錘) 매듭, 주머니 끈술, 안경집 끈목, 붓을 넣던 주머니, 담배쌈지 등 다양한 매듭과 술이 필요했다. 무관들의 매듭 장식도 많았는데 칼이나 검, 또는 대장기, 화약통에도 매듭과 술이 장식되어야 했었다. 여자용 매듭에는 노리개, 귀걸이술, 주머니 매듭, 조바위, 남바위에 장식했던 잔술, 아얌의 술장식, 허리끈, 향을 넣던 향낭, 결혼을 앞둔 처녀들이 준비하던 수저집 매듭 등이 있다. 그 밖에도 악기에는 장식으로 유소(流蘇, 깃발이나 가마 따위에 달던 술과 매듭)를 달았고 금관조복에는 딸기술이나 후수(後綬, 옛 복식 뒤에 드리우는 비단 끈으로 짠 장식) 같은 것들을 달았다.

고구려의 안악3호분 벽화(375년)에는 방장을 묶은 끈과 술이 그려져 있어, 당시의 실내장식에 매듭과 술이 쓰였음을 알 수 있다. 『삼국사기』 제33권에는 여성의 허리띠에 금실, 은실이나 공작꼬리, 물총새 깃으로 끈을 늘이는 것을 금한다는 기록이 있다. 그 당시 호화로운 허리띠 장식이 얼마

남성용 햇대 끈술 유소 가로 176cm, 매듭 길이 30cm

복온공주의 활옷 복원품과 대삼작 낙지발술 노리개 노리개 길이 42cm
조선조 23대 순조의 둘째 딸 복온공주의 활옷 복원품으로, 활옷은 조선시대 공주의 대례복 혹은 민가에서는 결혼식날 하루만 신부가 입었다. 봉띠에 대삼작 노리개를 걸어 장식했다. 대삼작 노리개는 노리개 가운데에서 가장 크고 호화로운 것으로 궁중 예복에 하던 것이다.

나 대단하였던가를 엿볼 수 있는 대목이다. 백제의 복식은 고구려와 비슷한데 장덕(將德)은 자색 띠, 시덕(施德)은 검은색 띠, 고덕(固德)은 적색 띠, 계덕(季德)은 푸른색 띠, 대덕(對德)과 문독(文督)은 황색 띠를 사용하였다는 기록은 허리띠의 색조가 품계를 나타내는 표시이기도 하였음을 말해준다.

『고려도경』에는 고려시대의 각종 의식이나 복식에 사용되었던 여러 종류의 물품에 대한 기록이 남아 있다. 제9권에 곡개(曲蓋, 천자나 장수가 쓰는 수레 위에 받치던 대가 굽은 양산)는 그 높이가 열두 자, 폭은 여섯 자이며 햇빛을 가리는 덮개는 육각(六角)으로 만들고 그 모서리마다 각각 유소를 길게 늘여 장식해 의식에 썼다고 하였으며, 청개(青蓋)에는 노란색 실로 짠 끈으로 매듭을 장식하였다고 기록되어 있다. 제10권에는 화개(華蓋, 그림과 수를 놓아 꾸민 의장)와 황번(黃幡), 제15권에는 채여(采

금동반가사유상 국보 제78호, 6세기 후반, 국립중앙박물관
금동반가사유상의 오른쪽 아래 부분에 매듭과 술이 부조되어 있는데
중국이나 일본의 사용상에는 볼 수 없는 부분이다.

輿, 왕실 의식 때에 귀중품을 실어 옮기던 기구)와 견여(肩輿, 좁은 길을 지날 때 임시로 쓰는 간단한 상여)에 각각 유소를 장식한 기록이 있다. 또 제20권의 귀부조에는 "감람빛 넓은 허리띠를 띠고 여러 가지 색으로 물들인 끈에 금방울을 달고 비단으로 된 향 넣는 주머니를 찼는데 이것을 많이 찬 것을 귀하게 여겼다."라고 기록되어 있다.

고려시대에 그려진 관음보살도와 지장보살도에서도 보살상에 장식된 화려하고 섬세한 매듭과 술 장식이 보이며, 고려청자 중 청자음각모란상감보자기문유개매병(12세기 후반, 국립중앙박물관 소장)의 네 모서리에 매듭과 술이 장식된 사각보를 얹은 듯한 무늬가 있는 것을 보아도 당시의 생활 속에 매듭이 얼마나 보편화되어 있었는지 짐작할 수 있다.

조선시대 초기의 매듭은 문헌으로 알 수 있는데, 『세종실록』 제132권 「가례서례」를 보면 청룡당(青龍幢), 주작당(朱雀幢), 백호당(白虎幢), 현무당(玄武幢), 전하 대연(大輦), 소연(小輦), 궁중소연, 동궁연(東宮輦) 등에 유소가 장식되었음을 보여주는 도해가 있다. 악기 편에도 해금, 박, 퉁소, 대적(大笛), 향필률(鄕觱栗) 등 악기에 유소가 장식된 도해를 볼 수 있다. 그리고 『성종실록』 24년 사헌부 대사헌 허침(許琛)의 상소문 가운데 "…왕자군과 옹주의 혼례에 사치함을 숭상하여 비단에다 공교하게 수를 놓거나 매듭을 짓고 그릇에 금은을 쓰며, 주옥으로 꾸미오니 사치 풍습을 고쳐야만 백성의 원망이 없을 것…"이라는 구절이 보인다.

조선 후기 상의원(尙衣院, 임금의 의복과 궁내의 재화, 금은보화 등을 관리하는 일을 맡았던 관청)의 일정한 규례를 적은 『상방정례』에는 후수, 광다회, 봉두(鳳頭)매듭, 세조대(細條帶), 유소, 오색다회 등에 쓰인 실의 양과 빛깔이 기록되어 있다. 또 『동국여지비고』 2권을 보면 공조(工曹, 고려·조선시대 산림, 소택, 공장, 건축, 도요, 야금 등에 관한 일을 담당한 관청)에 다회장 2명, 매듭장 2명, 상의원에 다회장 4명, 매듭장 4명, 전설사(典設司, 조선시대 의식에 쓰이는 장막을 공급하는 일을 담당한 관청)에 다회장 6명이 속해 있던 것으로 나타나 있고, 『대전회통』에는 경공장(京工匠)의 본조(本曹), 상의원, 전설사에 다회장, 매듭장이 속해 있던 것으로 기록되어 있다.

청자음각모란상감보자기문유개매병 (부분) 보물 제342호, 12세기 후반, 국립중앙박물관
네 모서리에 매듭과 술이 장식된 사각보 무늬가 장식되어 있다.

문관복식 초상화 작자 미상, 조선 말기
관복 아래 부분에 자주색의 풍성한 술에 달린 호패가 보인다.

안필호(무관) 초상화 작자 미상, 18세기
초상화에는 등채(지휘봉), 호패, 검에 매듭과 술이 장식되어 있다.

『영정모사도감의궤』(1901년)에는 다홍색 유소와 매듭의 형태가 선명하게 그려져 있고, 유소 장(長) 7척 5촌, 원다회 8분(分)이라는 기록이 있으며, 태조 어진(御眞) 양 모서리에 유소가 장식된 것도 보인다. 영조 때의 기록인 『규합총서』의 「주머니 끈 갖은 매듭」을 보면 '당사(唐絲) 8척에 날아 동다회를 치면 예자(六) 되니 도래매듭 상·중·하 모두 열, 외귀매듭 상·중·하 둘, 가운데 나비매듭 하나 맺으면 궁중 주머니 매듭 만드는 모양'이라는 설명이 있다. 그리고 왕실 풍습과 예법을 기록한 『장서각고문서집성』 12권에는 예단 목록에 노리개삼작에 쓰이는 패물의 명칭이 많이 보이는데, 이는 궁중에서 계절에 따라 예복, 평복을 가려 많은 종류의 노리개를 패용(佩用)하였음을 입증해준다.

조선 중기의 풍속화가인 신윤복이 그린 〈미인도〉에 평복에 삼천주(三千珠)노리개를 장식한 여인의 모습과 고승진영에 그려진 불자(拂子, 벌레를 쫓는 총채 모양의 장식품으로 불교의 수행자가 번뇌와 어리석음을 물리친다는 상징 의미를 지닌다)에 장식된 매듭이나 인로왕번(引路王幡) 등 불교의 장엄장식으로 쓰인 유소를 통해 조선시대 각종 매듭의 양식이나 쓰임새를 볼 수 있다. 현존하는 조선시대 유물 가운데 연대가 가장 이른 것으로는 궁중유물전시관의 태조 어도(御刀)의 유소와 영조의 딸인 화유옹주의 부장품인 노리개 4점이 국립민속박물관에 소장되어 있다.

고문헌 기록이나 현존하는 유물을 통해 살펴보았듯이 과거에 매듭과 다회는 우리 선조들의 생활 속에서 폭넓게 쓰여 왔다. 하지만 일제의 민족문화말살정책에 휩쓸리고 개화의 물결에 떠밀려 우리 스스로 전통문화를 지키고자 하는 정신을 자각하지 못하는 사이에, 그 명맥이 거의 끊길 듯 이어오며 마지막 불씨가 간신히 1960년대까지 이어지게 되었다. 다행히도 전통 매듭은 당시에 생존해 계시던 장인들(정연수·박용한·강기만·심칠암·김입비)의 손끝을 통해 김희진 선생님에게 전수되었고, 그 후 전통 매듭의 정신을 이어받은 전수자들이 현재에도 그 맥을 이어가고 있다.

파평 윤씨 모자 묘에서 나온 너울 매듭 유소 장식
18세기, 고려대학교 박물관

화유옹주 산호 끈술 노리개
국립민속박물관

(왼쪽) **미인도** 혜원 신윤복, 조선 후기, 간송미술관
그림 속 여인이 손으로 만지고 있는 것이 끈술로 된 삼천주노리개이다.

(오른쪽) **장미석 삼천주 삼봉술 노리개**
전체 길이 45cm, 술 길이 21.5cm

매듭의 재료, 끈목

매듭을 맺으려면 먼저 끈목이 필요하다. 끈목은 실을 합하여 두 가닥 혹은 세 가닥 이상으로 꼬는 끈과 네 가닥 이상의 여러 가닥으로 짜는 끈으로 나눌 수 있다. 조선시대에는 이렇게 짜는 끈을 '다회', 끈 만드는 것을 '다회 친다'고 했다.

다회에는 동다회와 광다회(납작끈)가 있다. 끈목의 둘레가 둥근 동다회는 원다회라고도 하며 4사, 8사, 16사, 32사 등이 있는데 주로 노리개, 주머니끈, 각종 유소를 만드는 데 쓰인다. 광다회는 폭이 넓고 납작한 평직의 끈으로 허리띠로 많이 쓰였고 방울술노리개, 선추, 안경집 장식 등에 쓰였다. 광다회의 기본 조직은 12사이며 다회를 치는 데 드는 실의 가닥 수에 따라 16사, 24사, 36사 등으로 부른다.

4사 동다회

8사 동다회

광다회

얼레와 비단실

끈틀

상사거리

끈틀에 앉혀서 끈목을 짜는 모습

흰 비단실을 염색하여 건조한 뒤 해사틀에 앉혀서 얼레에 감는다. 얼레에 감긴 비단실로 상사거리를 이용해 끈목에 길이를 정하여 끈틀에 앉혀서 끈목을 짠다.

매듭의 종류

우리나라에서 전해져 내려오는 기본형 매듭은 38종에 이르며 그 호칭은 지방에 따라 다른 경우가 있다. 이것을 정리하면 다음 페이지의 표와 같다.

38종류의 각기 다른 모양의 매듭들은 일정한 길이의 끈목을 반으로 접어 시작하며 다 맺어놓으면 좌우가 똑같고 앞뒤가 같은 균형미를 가지고 있다. 그리고 어떤 매듭이라도 중심에서 시작하여 중심에서 끝나게 되어 있다. 두 손을 사용하여 두 가닥의 끈목을 순서대로 엮어서 송곳을 사용하여 조이며, 질서 있게 조이지 않으면 모양이 바로 잡히지 않으므로 질서미도 함께 찾아볼 수 있다.

매듭의 이름은 모두 우리가 늘 보고 사용하는 온갖 물건, 꽃, 곤충에서 따온 것이다. 즉 생강, 나비, 잠자리, 국화, 벌, 병아리, 꼰디기, 매미, 콩, 적삼, 단추, 연꽃 봉오리 등이며, 석가무늬의 '석'자를 따서 지은 석씨매듭은 주로 절에서 사용되었던 것으로 보인다. 이처럼 매듭의 명칭에서도 우리의 전통 매듭이 사람들의 생활과 얼마나 가까이 있었는지 확인할 수 있다.

	궁중	서울지방	대구지방	남원지방
1	단추매듭	연봉매듭	단추매듭	단추매듭
2		외벌도래매듭	외도리매듭	
3	도래매듭	도래매듭	도리매듭	도리매듭
4	외귀매듭	납짝이매듭	귀도리매듭	콩매듭
5	생쪽매듭	생쪽매듭	정자매듭	정자매듭
6		가락지매듭	가락지매듭	가락지매듭
7	안경집매듭		안경매듭	안경매듭
8				날개매듭
9	잠자리매듭	잠자리매듭	온정자매듭	
10		동심결매듭	동결매듭	동승결매듭
11	국화매듭	두벌감개매듭	국화매듭	국화매듭
12	이귀매듭	장구매듭	삼정자매듭	삼정자매듭
13		병아리매듭		
14		파리매듭		
15	나비매듭	나비매듭	암나비매듭	나비매듭
16			수나비매듭	
17	매화매듭			
18	소차매듭	세벌감개매듭	세벌강정매듭	방석매듭
19	대차매듭	네벌감개매듭	네벌강정매듭	
20		다섯벌감개매듭	다섯벌강정매듭	
21		사색판매듭	거북매듭	
22	가지방석매듭			
23	벌매듭	벌매듭		
24		석씨매듭		
25		십일고매듭		십일고매듭
26				가재눈매듭
27			게눈매듭	게눈매듭
28				꼰디기매듭
29			매미매듭	
30	생동심결매듭			
31	사동심결매듭			
32	삼발창매듭			
33	오발창매듭			
34				학날개매듭
35	후수매듭			
36		망사매듭		
37		전복술매듭		
38	난간매듭	난간매듭		

11번과 18번부터 21번까지를 방상(方相)매듭이라고 한다.

궁중매듭의 명칭과 종류에 대해서는 순조의 외증손녀인 윤백영 할머니(1963년 당시 76세)가 김희진씨에게 제공한 자료를 근거로 하였다.

술의 종류

봉술(노리개)

다회와 매듭의 구성이 아무리 아름다워도 그것만으로는 충분하지 못하다. 즉 다회, 매듭, 술 세 가지가 합쳐져 전체적인 조화를 이루어야 아름다운 장식용 유소가 완성되는 것이다. 술의 종류를 크게 나누어보면 다음과 같다.

봉술

봉술은 술머리에 봉을 감을 때 새기는 글자에 따라 희(囍)자술, 수(壽)자술, 왕(王)자술로 구분한다. 봉 2개를 나란히 단 것을 2(이)봉술이라 하고 개수에 따라 3(삼)봉술, 5(오)봉술, 7(칠)봉술도 있다. 노리개, 선추, 주머니, 각종 유소, 가마 장식, 귀걸이 등에 쓰였다.

실술

다양한 색으로 염색을 한 명주실을 잘 비벼서 오색 견사를 평면적인 처리를 하여 색깔별로 묶음을 만든 후 위를 은종이로 감싼다. 술의 끝 부분은 실이 흐트러지지 않게 풀칠을 하고 마르면 반듯하게 자른다. 수를 놓은 서각 모양이나 연화등 모양으로 만든 노리개로 속노리개로 주로 쓰였다.

끈술

끈술은 매듭을 맺은 동다회와 같은 끈목으로 만든다. 필요한 끈술 길이의 두 배를 곱접어(반으로 접어) 매듭을 맺고, 내려온 중심 좌우를 X자 모양으로 고정시킨다. 끈목의 굵기나 술이 쓰이는 용도에 따라 끈 묶음의 길이와 가닥 수를 정하며, 술의 끝부분을 금실이나 은실로 마무리한 끈술은 노리개나 연 수식에 많이 쓰였다.

실술(노리개)

끈술(노리개)

딸기술

술머리가 딸기 모양처럼 둥글게 생겨서 딸기술이라 하며 홑딸기술, 겹딸기술, 색동딸기술이 있다. 술판에서 술을 떼기 전에 4올이나 5올을 묶어놓은 후 이것을 짝수인 8묶음, 10묶음, 12묶음으로 만들고, 차례로 엮어서 가운데에 창호지로 만든 콩알만한 심을 넣고 조여 만든다. 주로 도포끈, 노리개, 선추, 발걸이, 각종 실내장식용 유소 등에 많이 쓰였다.

방망이술

방망이술은 술의 머리를 나무나 종이로 반구형(半球形)이나 호리병 모양으로 만들어 금색 물을 들인 뒤에 색실로 그물처럼 망을 떠서 덮고 그 밑에 술을 늘어뜨린 것과 서각이나 상아로 술의 머리를 깎아 만든 뒤 술을 늘어뜨린 것이 있다. 연, 인로왕번, 국악기, 상여, 가마 등의 유소 끝에 많이 쓰였으며 호패에도 달았다.

딸기술(노리개)

방망이술(고비 유소)

낙지발술

매듭을 맺은 원다회와 같은 끈목을 원하는 길이로 여러 겹 가지런히 늘어뜨린 후 가운데와 맨 끝부분을 금실로 감아 고정시켜 만든다. 2봉낙지발술, 3봉낙지발술 등이 있으며 주로 대삼작 노리개에 많이 쓰인다.

방울술

12사 끈목으로 연봉매듭을 맺고 끈의 두 끝을 그대로 늘어뜨려 끝부분에 금실이나 은실, 배색이 잘 되는 색실로 벼나실을 감는다. 꼭지가 빠진 연봉매듭의 머리 모양이 방울 모양과 같다 하여 방울술이라 부르는 것으로 보인다. 노리개, 선추, 장도, 안경집에 많이 달았으며 여아 노리개에도 쓰였다.

낙지발술(노리개)

방울술(노리개)

금전지술

혼례나 경사 때에 보자기 네 귀퉁이와 화관에 달았던 술이다. 단색이나 삼색, 오색으로 비단실을 짧게 잘라 삼각형으로 자른 은종이를 앞뒤로 붙이고 그 사이에 실을 놓아 풀로 붙여 달았다. 또한 여러 가지 색의 실술을 정리하고 머리 부분에 은종이를 감아 만들기도 하였다.

금전지술(가마 드리게)

잔술

봉술의 일종으로 아주 작고 짧게 3-5cm로 만들어 여러 가지 색으로 셋이나 다섯, 혹은 일곱, 아홉 개를 붙여 달았다. 그 밖에도 조바위, 아얌, 남바위에도 붉은색이나 검정색 잔술을 달았다.

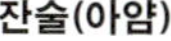

잔술(아얌)

잔술(조바위) 단국대학교 석주선기념박물관

매듭과 술의 쓰임

장신구

노리개

조선시대 여성의 장신구 가운데 가장 대표적인 것으로 저고리의 겉고름이나 안고름, 치마허리 또는 대례복의 봉띠에 달아 단조롭게 보이기 쉬운 우리 고유 의상에 한층 더 우아하고 화사한 분위기를 더해준다. 그러나 단순히 치장하고 꾸미는 데에 그치는 것은 아니며, 노리개의 여러 가지 형태나 무늬는 건강, 장수, 복, 다산, 액막이 등을 기원하는 의미도 담고 있다. 노리개는 패물의 진귀함과 규모에 따라 예복용과 평복용으로 구분하여 궁중과 상류사회에서 평민에 이르기까지 애용하였다.

노리개는 형태나 재질, 용도와 계절에 따라 그 종류가 다양하다. 장도노리개는 호신용으로 여성의 정절을 상징하는 것이었다. 향갑노리개의 종류도 다양한데 향집, 비취발향, 줄향 등에 고체 향제를 넣어 사람이 움직일 때마다 은은한 향기가 배어 나오도록 했다. 특히 사향을 주로 넣어 바깥 출입 시 뱀이 접근하지 못하게 하고 급체 때에는 한충향을 갈아서 먹는 등 구급약으로도 쓰였다. 그리고 휴대용 바늘 보관 도구의 역할을 하던 바늘집에도 매듭과 술을 장식해 노리개로 달았다. 선대를 이어 친

비취옥판 나비 삼봉술 노리개
전체 길이 36.4cm, 술 길이 21cm

정이나 시댁의 어머니에게 물려받은 노리개는 가보와 정(情)을 전해주는 역할도 하였다.

노리개에 쓰이는 매듭은 주로 도래, 생쪽, 매화, 국화, 삼정자, 병아리, 나비, 가지방석매듭 등이고 색실과 금실로 만든 가락지를 끼우고 봉술, 딸기술, 낙지발술 등을 늘어뜨렸다. 홍·남·황의 삼원색을 기본으로 하고 분홍·연두·보라·자주·옥색 등 다채로운 색의 다회로 매듭을 맺고 술을 늘어뜨린 노리개 세 점을 한 벌로 하여 '노리개삼작'이라 불렀으며, 장식적인 면과 실용적인 면을 겸한 단작노리개도 있다.

은투호 삼봉술 삼작 노리개
전체 길이 38.5cm, 술 길이 21cm

비취향갑 삼봉술 노리개
전체 길이 41cm, 술 길이 21cm

선추술

부채의 고리에는 다회에 선추를 끼워 술을 늘어뜨렸다. 선추에 늘어뜨린 끈목은 대체로 가늘고 빳빳한 원다회를 썼고 동심결매듭을 맺었으며 방울술이나 딸기술을 주로 달았다. 여자용인 경우에는 딸기술이나 봉술을 쓰기도 했다.

합죽선 선추 매듭
전체 길이 61cm, 술 길이 13cm

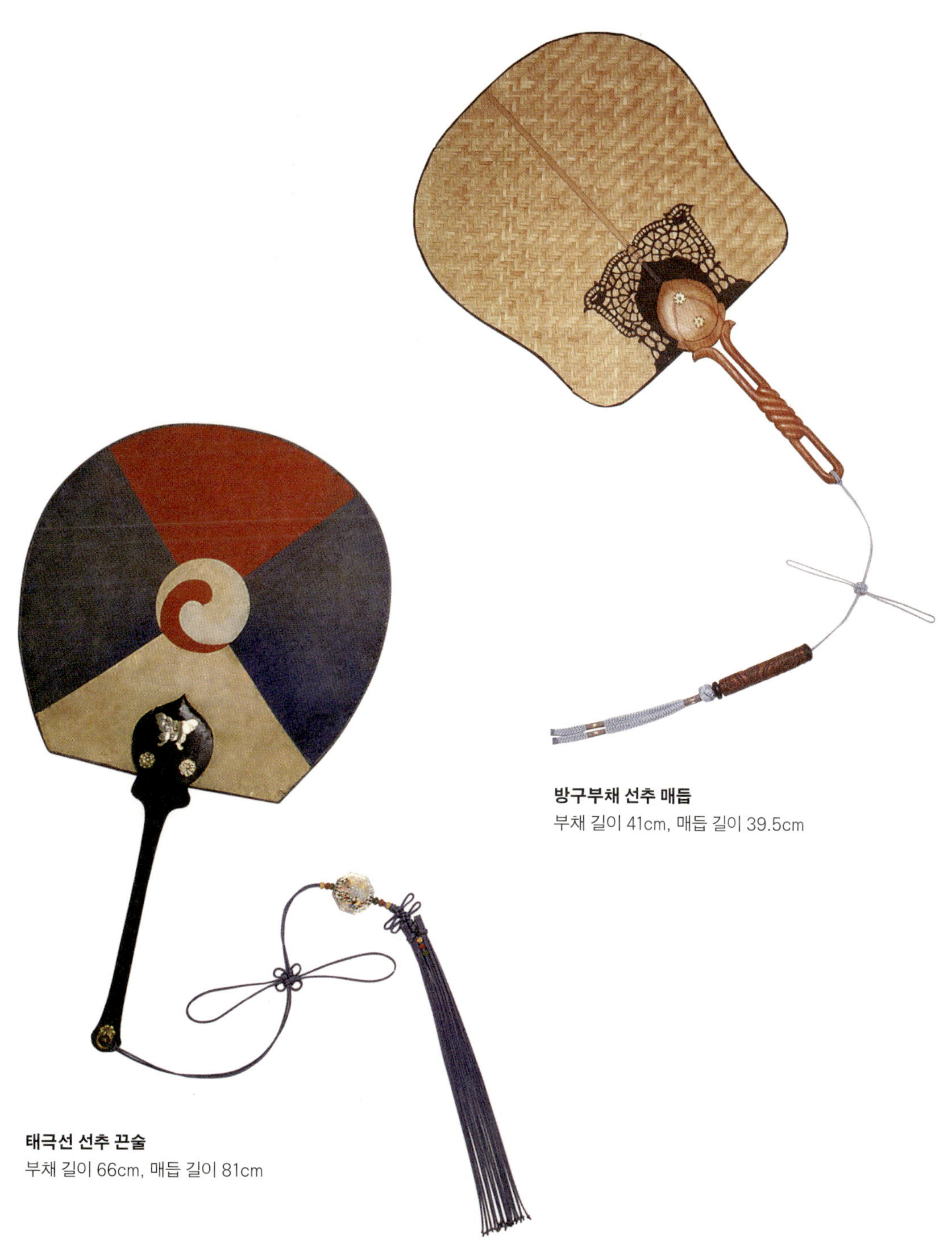

방구부채 선추 매듭
부채 길이 41cm, 매듭 길이 39.5cm

태극선 선추 끈술
부채 길이 66cm, 매듭 길이 81cm

각종 주머니

삼국시대 이래로 우리의 옛 의상에는 주머니가 없었던 관계로 실용과 미를 겸한 장신구로 주머니를 따로 만들어 남녀노소 구분 없이 몸에 지녔다. 주머니는 형태, 장식, 용도별로 또는 그 소재에 따라 귀주머니, 염낭(두루주머니), 약낭(藥囊), 필낭(筆囊), 수저집, 담배쌈지, 안경집 등 그 종류가 다양하다. 주머니 종류만큼 매듭과 술의 종류도 다양해서 끈술, 딸기술, 봉술, 오발창매듭, 안경매듭, 잠자리매듭, 생쪽매듭, 국화매듭, 병아리매듭 등 다양한 형태의 매듭과 술을 볼 수 있다.

도장 주머니 1쌍
4.5×9.5cm, 매듭 길이 7.7cm

아기 돌띠 염낭 (위)15×15cm,
(아래) 총길이 49cm, 총너비 10cm

가지장식 별낭
13×14.5cm, 매듭 길이 9cm

필낭 8×34.5cm, 매듭 길이 38cm

안경집 6×40.3cm

대자띠

대자띠란 평직으로 짠 넓은 띠 양 끝에 전복술매듭이나 망사매듭을 여러 단 맺고 그 끝을 그대로 늘어뜨린 여자용 허리띠로 연두·분홍·남색 색동으로 된 유물이 있다.

도포끈(쾌자띠)

조선시대 사대부들은 외출용 의상인 도포에 원다회나 광다회의 양 끝에 딸기술을 단 허리띠를 썼고, 두 끝을 무릎 아래까지 늘어뜨려 멋을 냈다. 도포끈의 빛깔은 계급에 따라 구분되었으며 당상관은 다홍·분홍·자주색, 선비는 초록색, 참봉이나 주사는 회색, 초시는 보라색을 사용했으며 상주는 어느 계층이든 흰색을 사용했다.

도포끈 전체 길이 226cm

대자띠 전체 길이 170cm, 너비 5cm

호패술

남자의 바지 허리끈에 달았던 호패는 대부분 방망이술로 장식했다. 사회적 지위에 따라 호패의 재료와 새겨진 글이 달랐으며 술이나 끈목의 색깔도 달랐다.

그 외

귀걸이, 등채(무관의 채찍이자 지휘봉) 등에서도 매듭을 장신구로 사용한 예를 찾아볼 수 있다.

호패술 전체 길이 27.2cm

등채 등채 길이 73cm, 술 길이 10cm

귀걸이 매듭 전체 길이 22cm, 술 길이 16cm

실내장식용

안방이나 사랑방에 장식용으로 쓰던 매듭에도 여러 종류가 있다. 발걸이, 방장걸이, 횃대, 족자, 붓걸이, 고비, 갓집 등 실내용 기물에 매듭을 장식하여 무미한 실내 분위기를 아름답고 우아하게 또는 실용적으로 꾸몄다. 발걸이는 매듭을 맺고 딸기술, 봉술, 끈술을 썼으며 방장이나 횃대도 발걸이와 같이 매듭 장식을 했다.

나비조각 붓걸이 방망이술 유소 24×31.5cm, 매듭 길이 20cm

촛대 매듭 장식 전체 길이 35cm, 술 길이 17cm

육각사등 유소 43×46cm, 매듭 길이 40.3cm

좌경 유소 좌경 크기 43×71cm,
유소 길이 53cm, 딸기술 길이 18cm

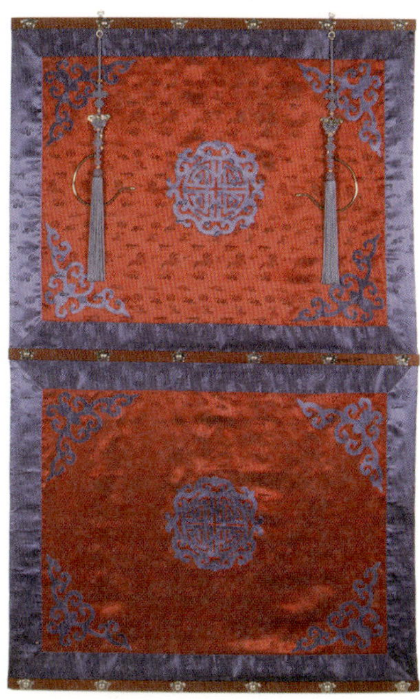

방망이술 방장걸이 유소 115.5×183cm

궁중 기물용

『세종실록』 제 134권 「흉례서례」에 보면 "대여(大輿)의 충연(衝椽) 4각에는 용을 만들어 오채를 나타내고 고리를 용구(龍口)에 설치하여 홍초(紅綃)로 된 길이 17척 2촌의 유소를 드리운다."고 하였다. 132권 「가례서례」에는 대연(大輦), 소연(小輿), 궁중소연, 동궁연(東宮輿) 등에 유소가 장식되었음을 보여주는 도해가 있다.

(왼쪽) **조선시대 향연과 의례 중 무신년 지당판 비단등**

(오른쪽) **무신년 지당판 비단등**

무신년 지당판 중앙의 비단등을 재현하여 유소를 장식하였다.

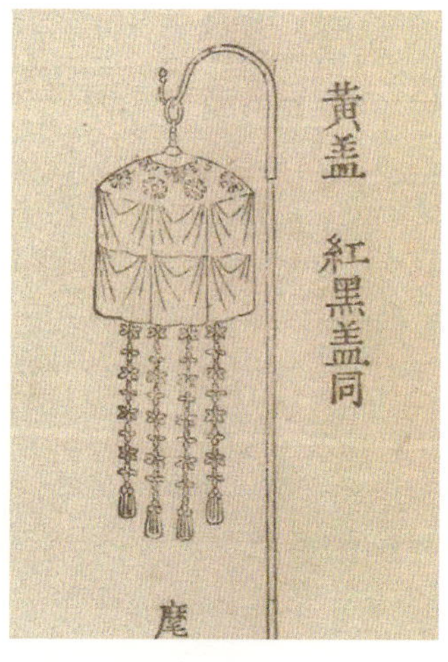

(위쪽) **순조 기축년 의궤 중**

(왼쪽) **홍개** 조선 23대 순조 기축년 진찬연 궁중의례 중 홍개를 재현하였다.

(위) **조선시대 향연과 의례 중 진찬연 기록화**

(왼쪽) **지당판(池塘板)과 죽간자(竹竿子)**
1829년 효명세자가 순조 등극 30주년과 사순생신을 축하하여 올린 진찬연(進饌宴) 기록화에 나온 지당판과 죽간자를 재현한 작품이다.

궁 소교(宮 小轎) 매듭 장식
높이 140cm, 가로 69cm, 세로 89cm, 손잡이 60cm
조선시대에 궁중에서 쓰던 가마를 재현한 것이다. 가마의 네 귀는 금색으로 사색판매듭을 지었고 방망이술을 달았다. 사방으로 발과 그 위에 덮는 비단겹휘장이 있으며 휘장에는 금전지술 형식의 오색술을 장식했고 궁중의 장식에서만 볼 수 있는 박쥐문양을 금박하였다. 가마 앞의 망 밑은 오색 딸기술이고 양옆으로 발걸이 끈술이 달려 있다. 가마 안의 네 귀퉁이에는 향낭이 달려 있다.

예복용

조선시대 관복 중에 경축일에 입었던 조복(朝服)이나 종묘제사 때 입던 백관의 제복(祭服)에 부착된 후수는 청색 실로 망수를 맺고 그 끝에 후수술을 달았으며 금관에는 딸기술을 양편에 달았다. 왕이나 왕비의 예복에도 뒷면의 대대(大帶)에 후수를 달았고 끝에는 술을 늘어뜨렸으며, 왕비의 대례복에는 대삼작을 봉띠에 걸어 장식하였다. 또한 왕 및 동궁의 평천관(平天冠)의 소삼색주라는 기록으로 미루어 평천관에는 구슬을 꿴 매듭 장식을 하였음이 확인된다.

금관 조선시대, 높이 20cm, 국립민속박물관
조선시대 문무 백관들이 나라에 경사가 있거나, 제사를 지낼 때 조복과 함께 착용하던 관이다.

후수(대대 포함) 조선시대, 전체 길이 77.5cm, 끈 길이 46.5cm, 국립민속박물관

예식용

지역에 따라 결혼 예식에 사용하던 노리개나 특색 있는 혼례복이 있었으며 머리 장식이나 댕기들도 달랐다. 민간에서 새색시가 시집갈 때와 사대부집 부녀자가 나들이할 때 타는 가마를 비롯해서 마지막 저승길에 타고 가는 상여에도 대봉유소, 소봉유소, 양장유고 등의 매듭과 술을 장식하였다.

신부 거울 전체 길이 33cm, 매듭 길이 39cm

1935년 개성 지방의 신부가 입었던 혼례복, 머리 장식, 진주 장식, 노리개

악기장식용

조선시대의 모든 악기에는 장식으로 유소를 달았다. 『세종실록』 악기조(樂器條)에서 대적, 장구채, 퉁소, 해금, 박 등에 유소를 장식했음을 확인할 수 있다. 그 외에도 철제 은상감적, 죽간자(竹竿子), 황개(黃蓋), 라(螺), 대금, 나각(螺角) 등의 악기에도 유소를 늘어뜨려 장식했다.

해금유소 65×9cm, 매듭 길이 59cm

종교의식용

사찰에서 사용하던 연(輦), 번(幡), 불자 등에도 매듭 장식을 하여 장엄하였다. 특히 연의 둘레에는 옥, 유리구슬, 수향갑, 나무 조각 등에 매듭과 술 108개를 촘촘히 둘렀으며 네 모서리에는 석씨매듭을 넣은 대봉유소를 달아 길게 늘였다. 인로왕번의 양쪽 옆에도 오방색(남·홍·백·흑·황)으로 석씨매듭을 맺고 오색방망이술로 장식한 대봉유소를 늘어뜨렸다. 스님들이 지니는 불자에도 채의 안쪽에 매듭 장식이 있다.

이와 같이 실생활 곳곳에 두루 쓰였던 매듭과 끈목을 통해 조상들의 지혜와 아름답고 품격 높은 생활을 엿볼 수 있다.

인로왕번 195×57cm, 유소 길이 150cm, 술 길이 22cm

· 매듭 맺기 ·

01

연봉매듭

가장 기본적인 매듭으로 연꽃의 봉오리 모양과 닮아서 연봉매듭이라 한다. 여름에 입는 모시적삼의 단추매듭으로 많이 사용되어 단추매듭이라고도 하며 천, 가죽, 매끄러운 끈 등 어떤 재료로도 맺을 수 있다. 1900년대에는 우리나라 여자들이 다 맺을 수 있었다고 한다.

맺기 과정에서는 과정의 이해를 돕기 위하여 특별히 색이 다른 두 끈을 연결하여 시연하였습니다. 일반적으로는 하나의 연결된 끈을 사용합니다.

1

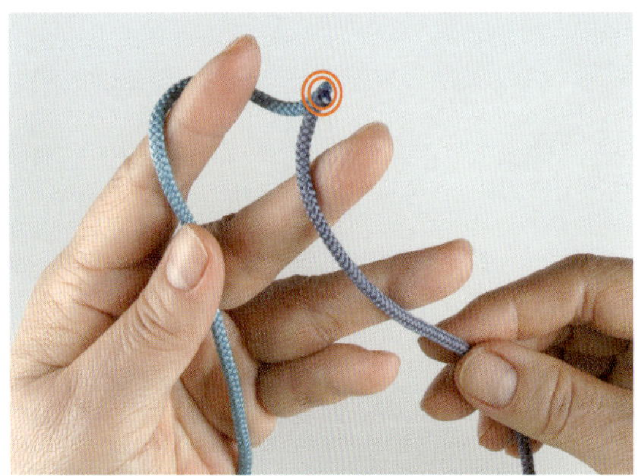

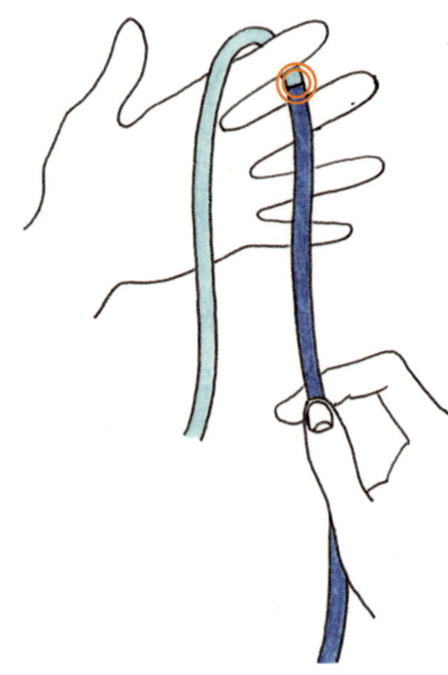

끈을 왼손 검지에 걸고 끈의 중심이 검지와 중지 사이에 오게 놓는다.

2

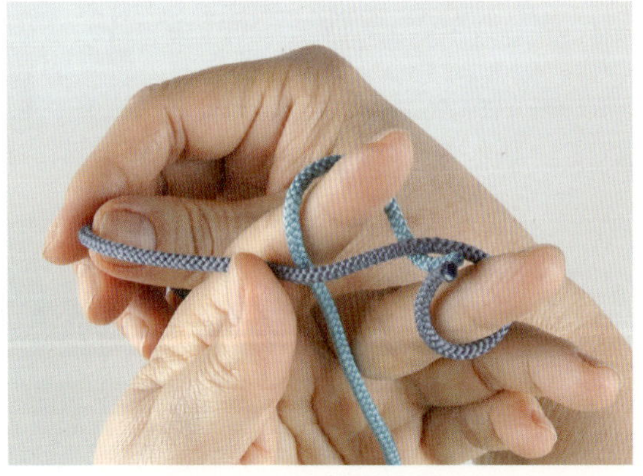

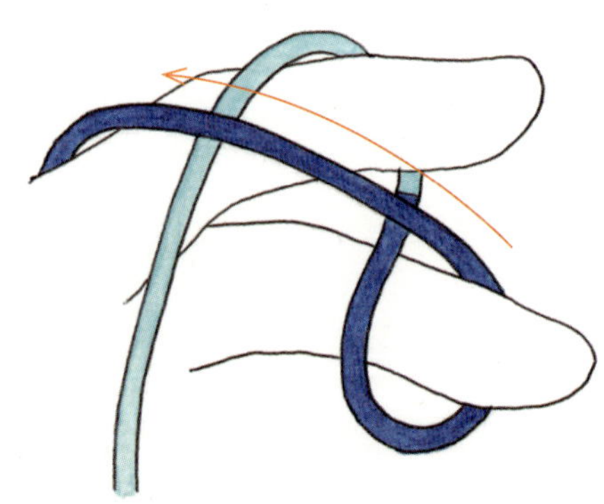

오른쪽 끈을 중지 뒤로 돌려서 두 손가락 사이에 ∞자 모양이 되게 놓는다.

3

왼쪽 끈도 두 손가락 사이에 ∞자 모양으로 놓는다. 오른손으로 중간 부분을 잡고 왼손 손가락을 뺀 후, 왼손에 놓으며 중심을 왼손 엄지와 검지로 고정한다.

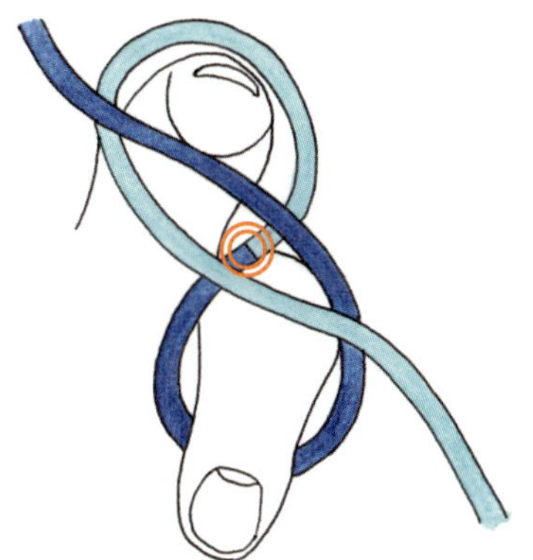

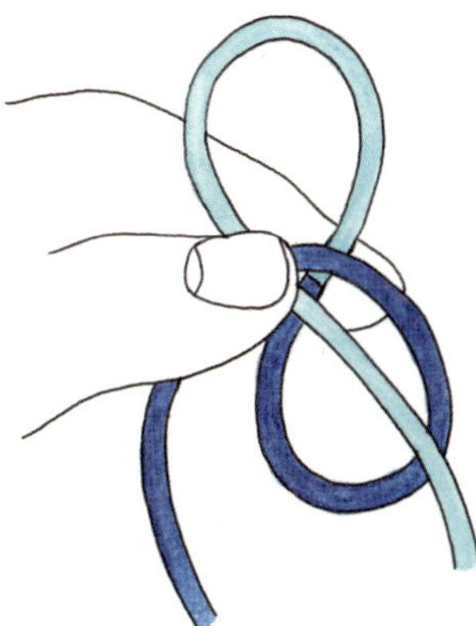

4

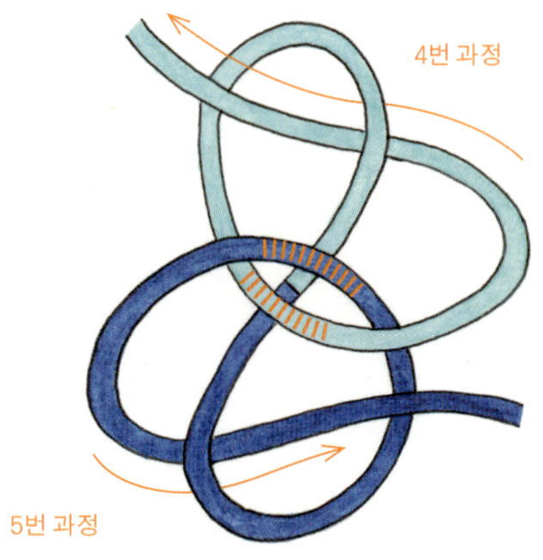

오른쪽 끈을 왼쪽 고(매듭을 맺기 위한 둥근 고리)의 아래에서 위로 뺀다.

5

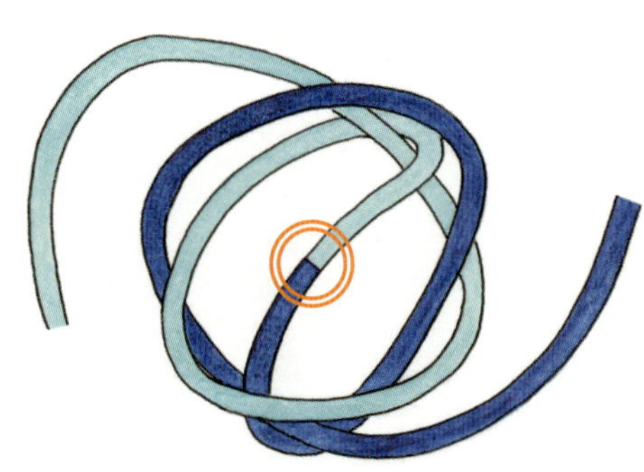

왼쪽 끈도 오른쪽 고의 아래에서 위로 뺀다.

6

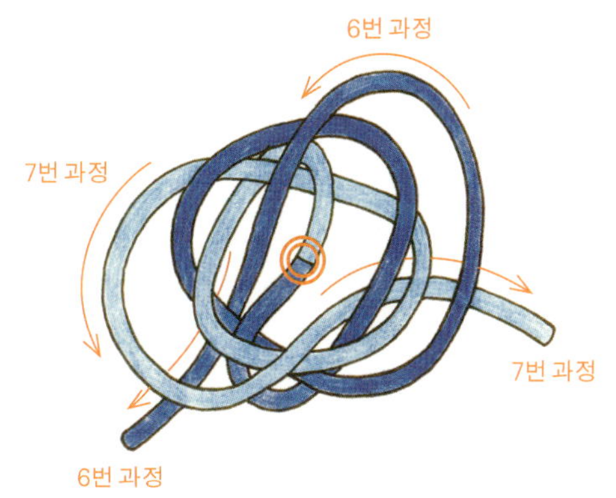

오른쪽 끈을 시계반대방향으로 반 바퀴 돌려서 중심의 양쪽에 생긴 원 중 안쪽 원의 위에서 아래로 넣는다.

7

왼쪽 끈도 시계반대방향으로 반 바퀴 돌려서 바깥쪽 원의 위에서 아래로 넣는다.

8

중심과 두 가닥 끈을 균형을 잡으며 당기면 머리를 땋은 모양처럼 된다.

9

송곳으로 끈이 움직이는 길을 따라 반쪽을 조인다.

10

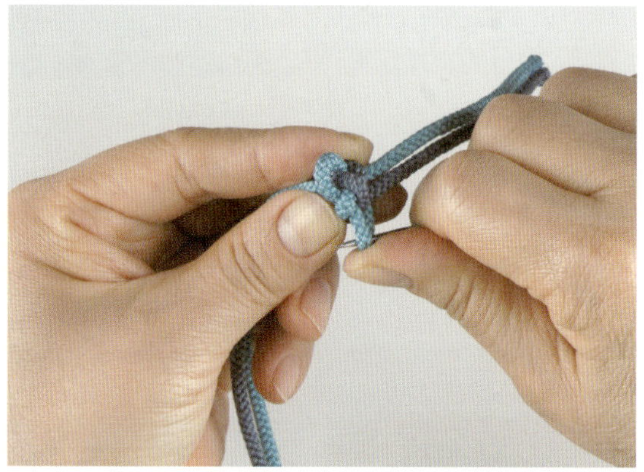

나머지 반쪽도 차례로 조인다.

11

완성된 연봉매듭

02

도래매듭

아기가 머리를 도리도리하고 돌리는 모양과 같다고 해서 붙여진 이름이다. 매듭 중에서 가장 작고 매듭과 매듭 사이를 연결해주기 때문에 가장 많이 쓰이며, 매듭의 시작과 끝이 풀어지지 않게 고정시키는 역할도 한다.

1

왼손 엄지와 검지로 끈의 중심을 잡는다. 아래쪽 끈을 오른손으로 잡고 위쪽 끈 뒤로 한 바퀴 돌려서 고를 만들어 세우고 왼손으로 고정시킨다.

2

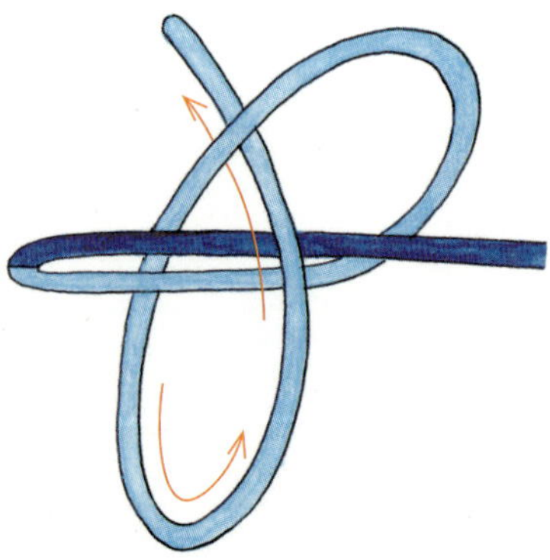

고를 만든 끈을 고의 왼쪽에서 오른쪽으로 통과시킨다.

3

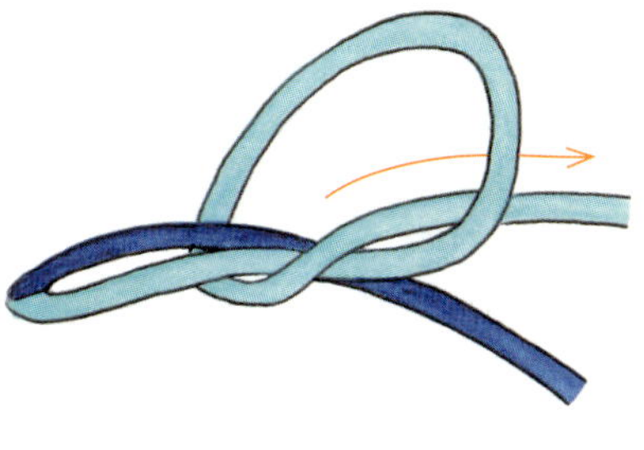

통과시킨 끈은 오른쪽에 있는 끈의 위쪽에 나란히 놓고

4

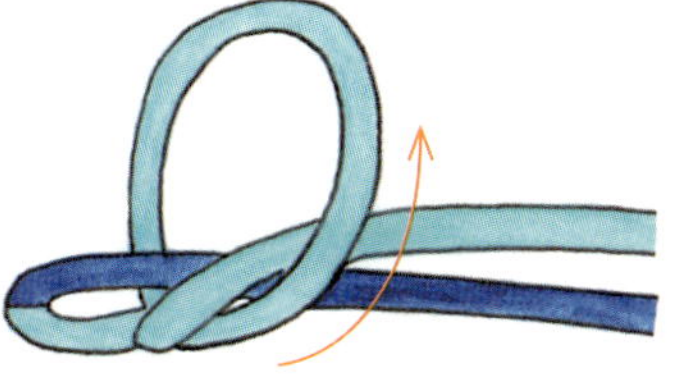

고의 오른쪽으로 나란히 놓인 끈을 오른손으로 쥐고 오른손 엄지로 고를 뒤쪽으로 밀면서 한 바퀴 돌린다.

5

돌린 모양

6

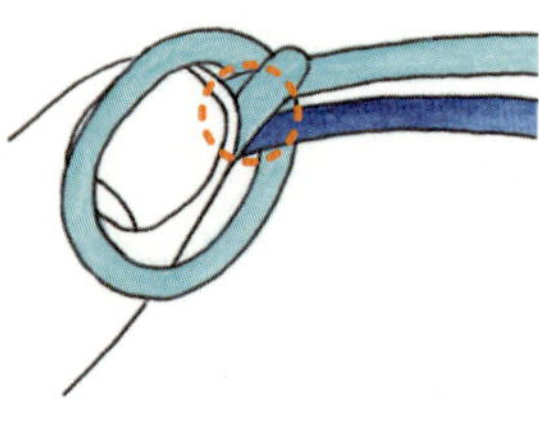

돌린 부분을 왼손으로 잘 고정하고

7

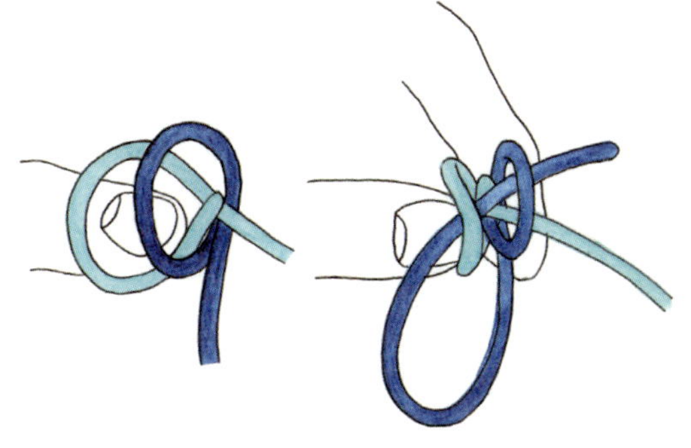

두 번째 고를 첫 번째 고 오른쪽에 만든 후, 두 번째 고를 만든 끈을 두 고 사이로 왼쪽에서 오른쪽으로 통과시켜서

8

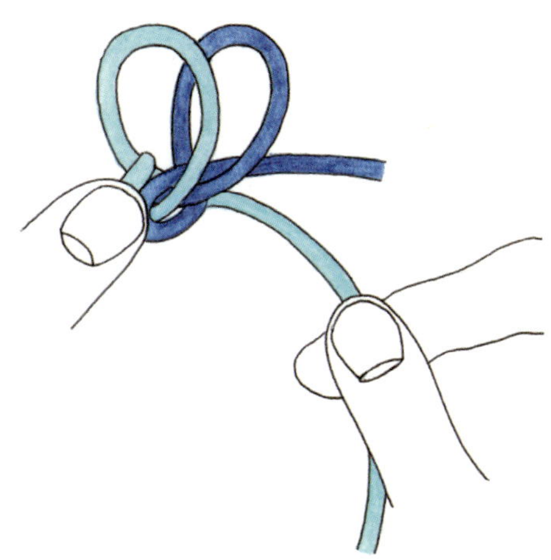

오른쪽에 있는 끈의 아래쪽에 나란히 놓고 위쪽 끝을 잡아당겨서 먼저 만든 고를 조인다.

9

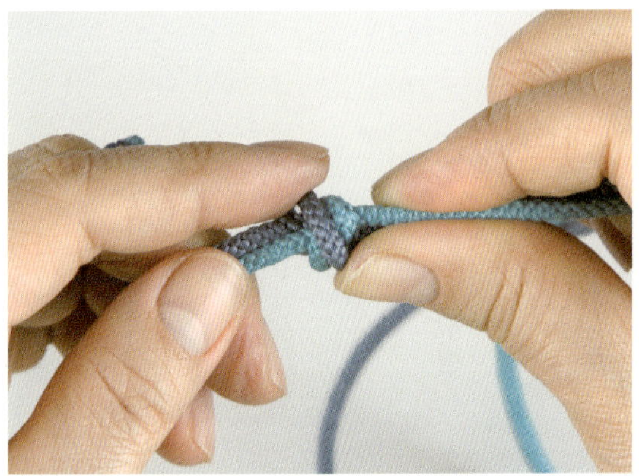

오른손으로 끈이 가지런히 놓이게 쥐고 오른손 엄지로 남은 두 번째 고를 뒤로 밀며,

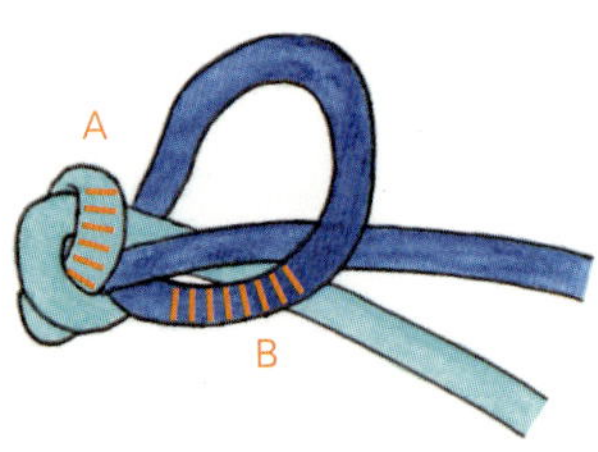

왼손으로 X자 모양을 고정시킨다. 이때 왼쪽 빗금친 부분에 오른쪽 빗금친 부분을 겹쳐 X자 모양을 만든다.

10

왼손으로 X자 모양을 고정시킨 후 오른쪽 끈을 당겨 조여준다.

11

완성된 도래매듭

03

귀도래매듭

도래매듭의 양쪽에 귀가 달린 것처럼 생긴 매듭이다. 이 매듭은 귀의 부분에 생쪽매듭을 하기도 하고, 게눈매듭, 가제눈매듭을 맺기도 한다. 매미 매듭의 귀도래매듭을 이용한 매듭니다. 여러가지 재미있는 형태의 매듭을 만들 수 있다.

1

두 끈을 나란히 놓고, 아래쪽에 있는 끈으로
도래매듭을 맺을 때처럼 고를 만든다.

2

고를 만든 끈을 고의 왼쪽에서 오른쪽으로
통과시킨다.

3

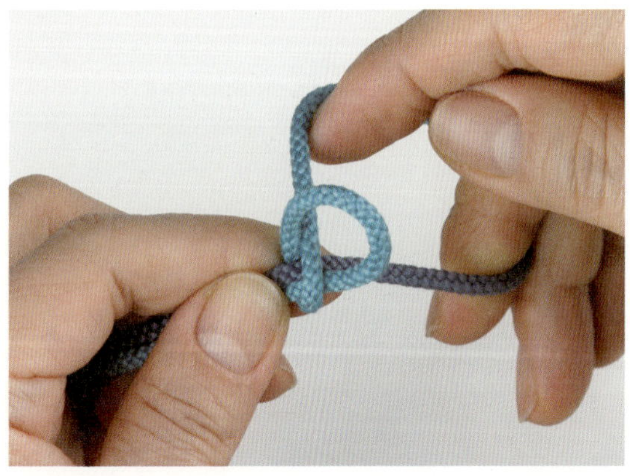

통과시킨 끈을 단단히 잡아당긴다.

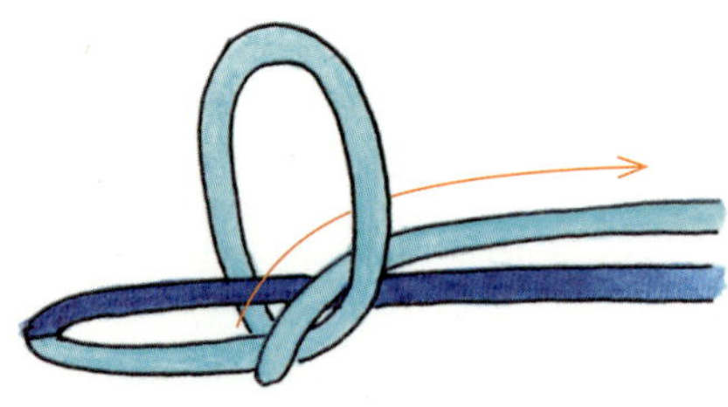

4

왼손가락 3개를 돌아서 귀를 만들어주고

5

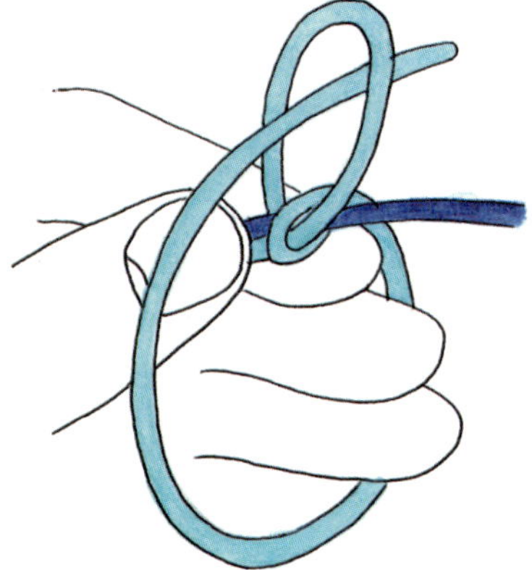

다시 고의 왼쪽에서 오른쪽으로 끼우며

6

먼저 만든 고의 왼편에 놓는다.

빗금친 부분을 오른손 엄지로 눌러 뒤로 넘기고,

7

바로 왼손 검지로 이어 잡고 도래매듭을 돌리듯이 한 바퀴 돌려준다.

고를 젖힌 모습

8

왼손 엄지로 큰 고와 작은 고를 고정하고

9

오른쪽 끈으로 큰 고 속에서 작은 고와 같은 크기의 고를 만든다.

10

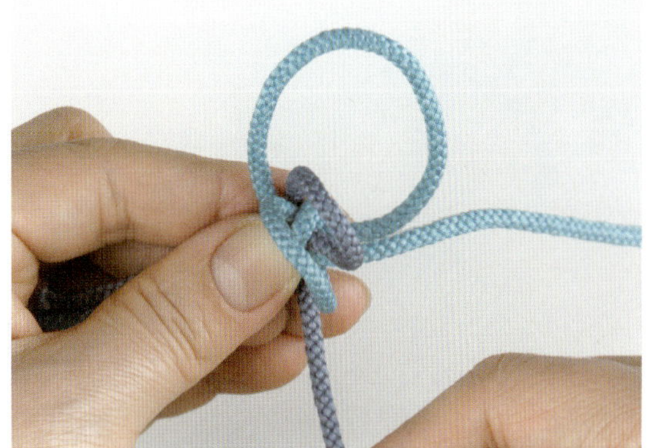

작은 고 2개를 나란히 만든 뒤 오른쪽 끈을 잡고

11

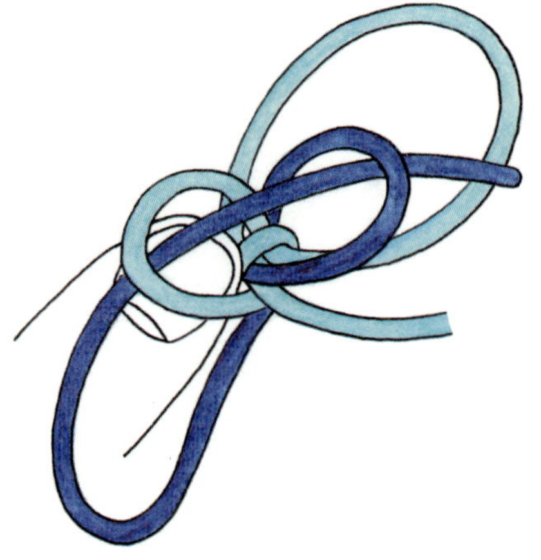

두 고의 왼쪽에서 오른쪽으로 통과시킨다.

12

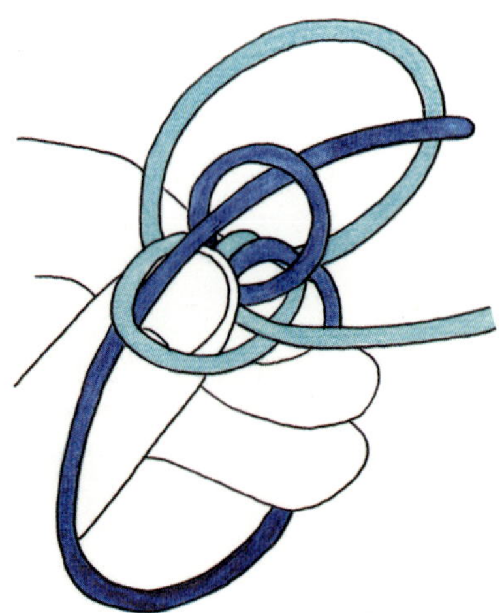

통과시킨 끈을 왼손가락 2개 뒤로 돌려 감아서 귀를 만들고 다시 작은 두 고 사이로 통과시킨다.

13

위아래로 귀가 달린 도래매듭이 된다.

14

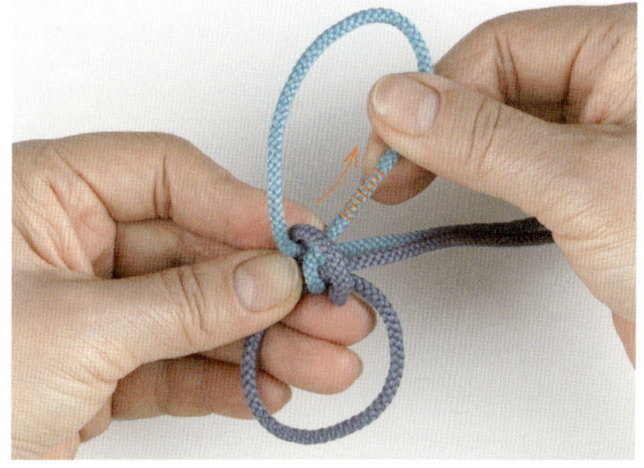

위쪽 고를 잡아당겨서 도래매듭의 몸통을 조인다.

15

안쪽의 매듭이 X자 모양이 되도록 자리 잡아주며,

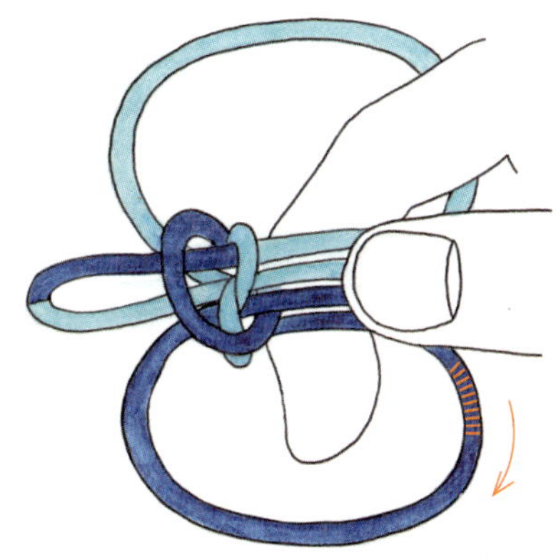

끈 4개를 나란히 잡고 빗금친 부분을 아래로 당겨 나머지 도래매듭의 고를 조인다.

16

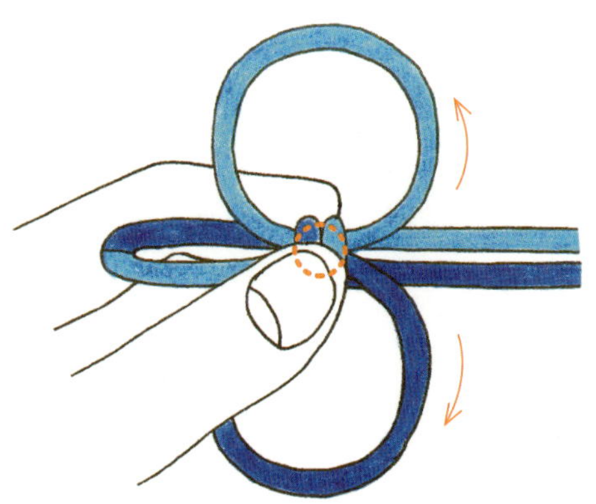

도래매듭을 누르면서 더 단단히 조인다.

17

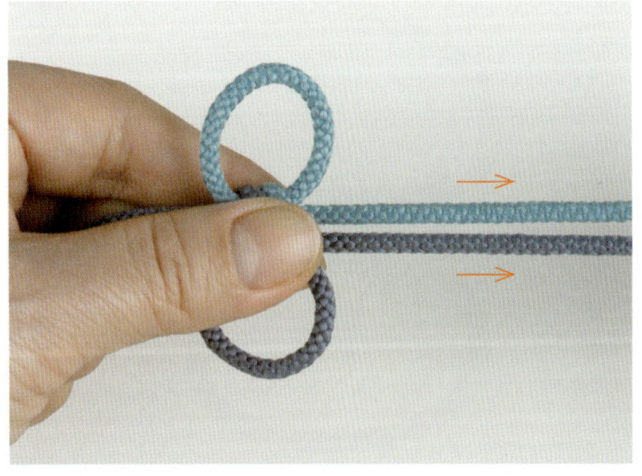

오른쪽 두 끈을 당겨서 귀의 크기를 조절한다.

18

완성된 귀도래매듭

04

생쪽매듭

작은 원이 3개 있는 모습이 생강 모양과 같다 해서 붙여진 이름으로 대구나 남원지방에서는 정자(井字)매듭이라 불렀다. 가지방석, 석씨, 삼정자, 장구, 병아리, 벌매듭 등의 기본이 되는 매듭이며, 오른쪽 끈목만 사용할 수 있으면 얼마든지 계속해서 옆으로 맺는 것이 가능하기 때문에 중국에서는 한자(壽, 福)를 매듭으로 표현할 때 많이 사용되었다. 우리나라의 사색판매듭이나 난간매듭도 같은 원리이다.

1

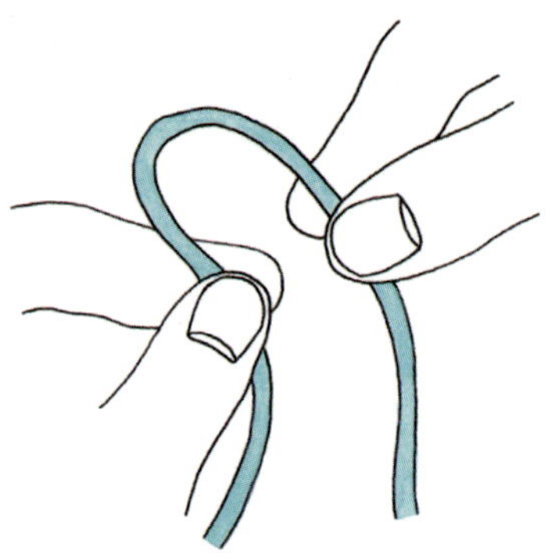

끈의 중심에서 왼쪽으로 고를 만든다.

2

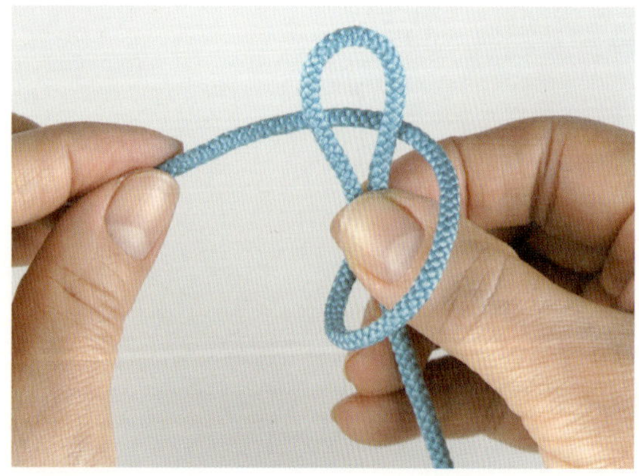

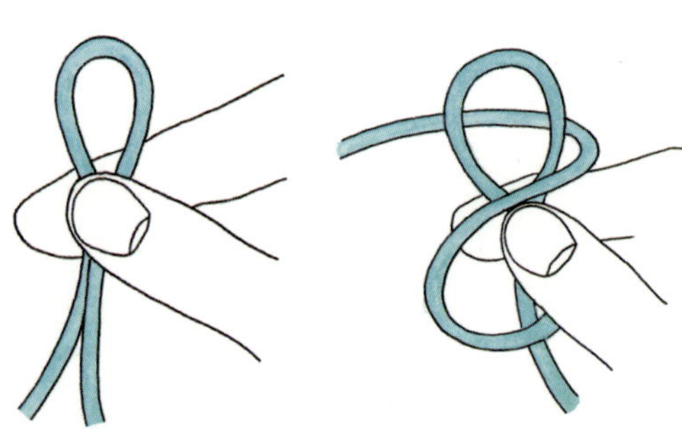

오른손으로 고의 밑부분을 고정시킨 후 왼쪽 끈을 처음에 만든 고의 앞에서 뒤로 돌린다.

3

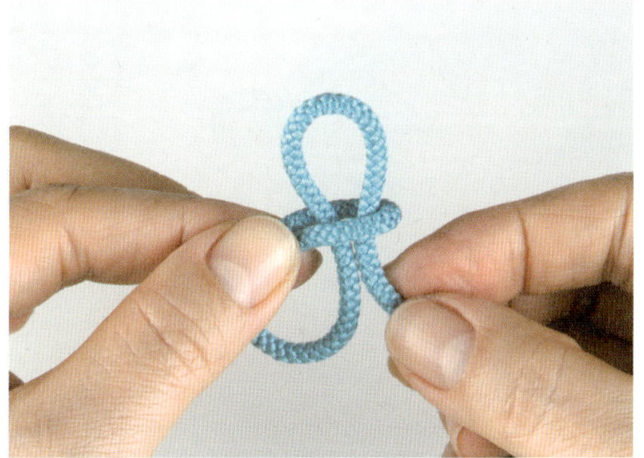

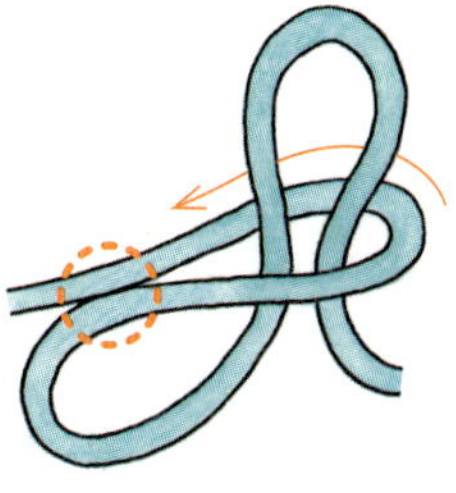

먼저 만든 고와 같은 크기의 고를 만들고 왼손 엄지와 검지로 고정시킨다.

4

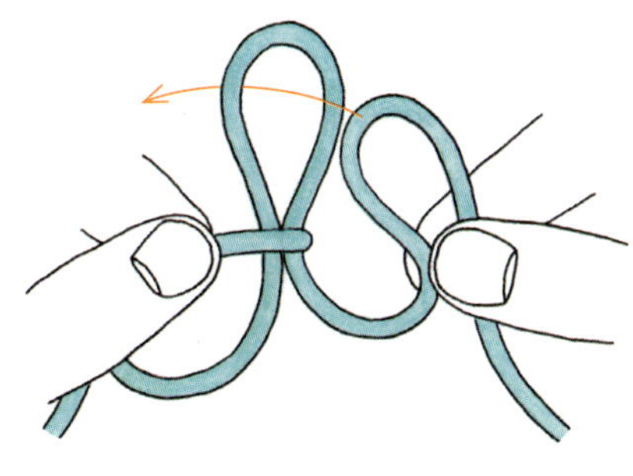

오른쪽에 있는 끈을 접어 처음에 만든 고의 앞에서 뒤로 넣는다.

5

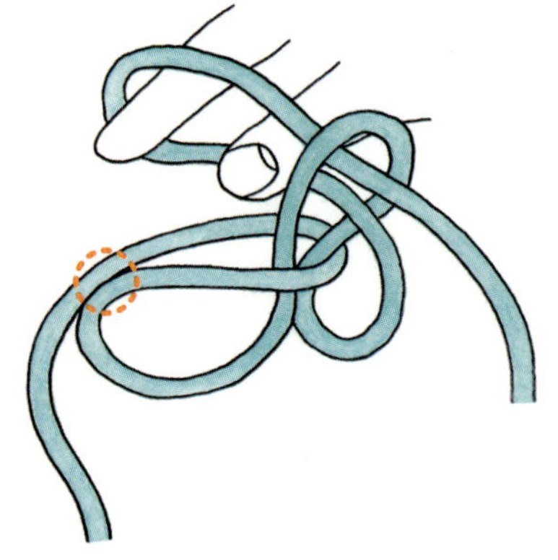

빠져나온 고에 오른손 엄지와 검지를 넣어 왼손에 잡고 있던 두 끈을 잡는다. (표기한 부분)

6

잡은 두 끈을 조금 위로 빼내고,

7

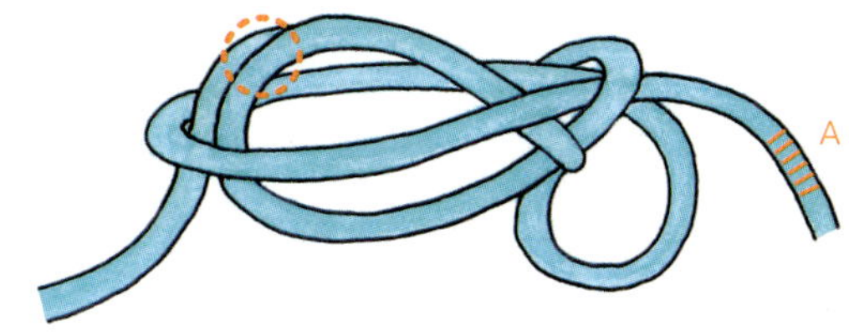

조금 위로 빼낸 두 줄의 고 사이로

8

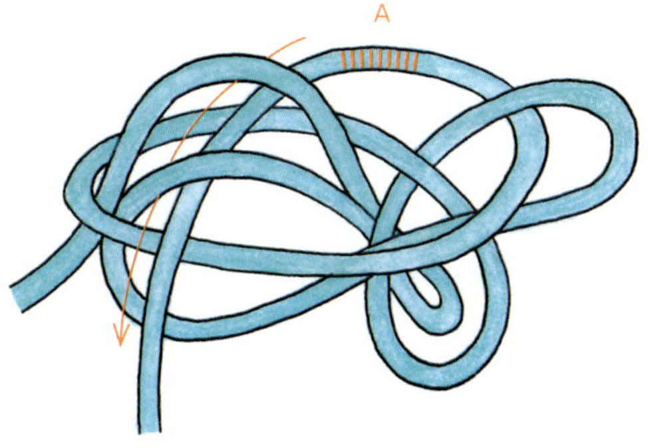

오른쪽에 있던 끈을 뒤에서 앞으로 넣는다.

9

이런 모양이 되면 가로로 누워 있던 모양을 세로로 세우고,

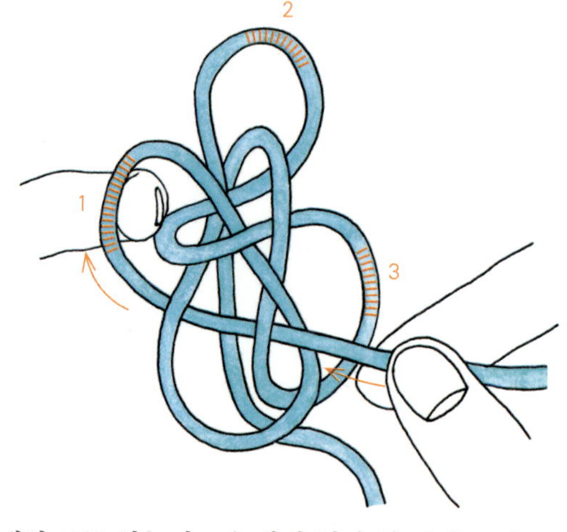

3개의 고를 찾는다. 1을 살짝 밀면 첫 번째 고가 된다.

10

3개의 고를 찾으면, 가운데 井자를 찾는다.

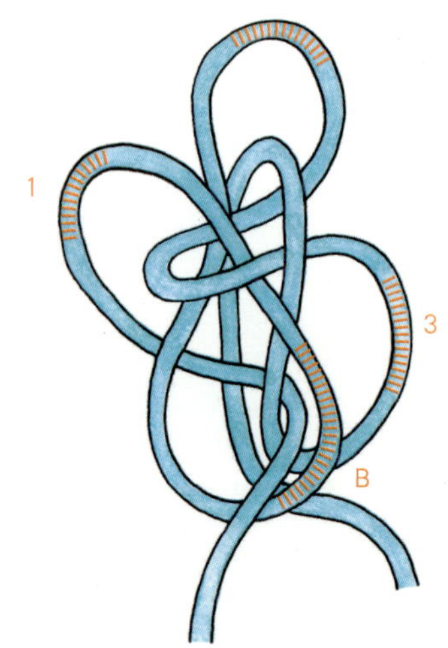

B를 왼쪽으로 제끼면 井자가 보인다.

11

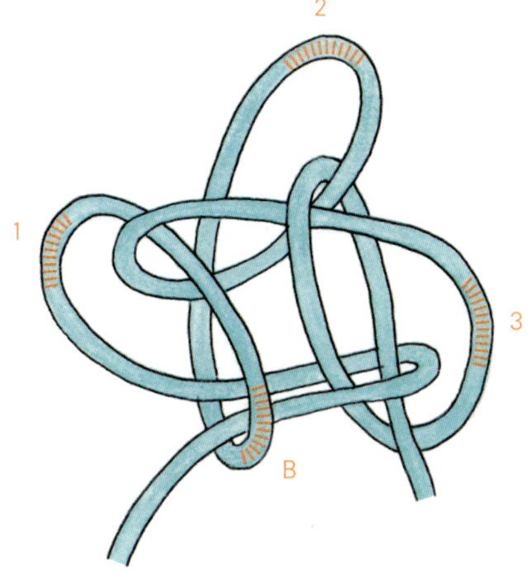

가운데가 井자 모양으로 정리되면,

12

양쪽 고를 당겨서

13

몸통을 조인다.

14

송곳을 사용하여 먼저 위쪽 고를 조이고

15

양쪽 고를 순서대로 조여서 같은 크기로 만든다.

16

완성된 생쪽매듭

05

안경매듭

안경집 끝부분에 장식하던 매듭이라 안경매듭인지 매듭 맺기 시작할 때의 손놀림 모양이 안경 같아서 안경매듭인지는 알 수 없지만, 목걸이나 귀걸이 같은 액세서리에 잘 어울리는 현대적인 감각의 매듭이다.

1

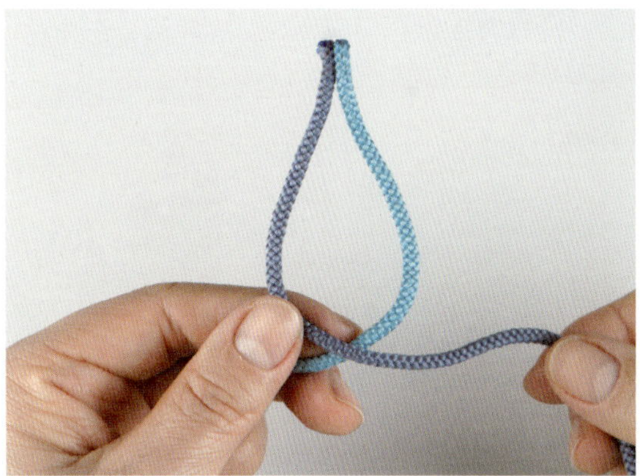

왼쪽 끈이 오른쪽 끈 위로 오게 한다.

2

오른끈 밑으로 해서 위로 빼준다.

3

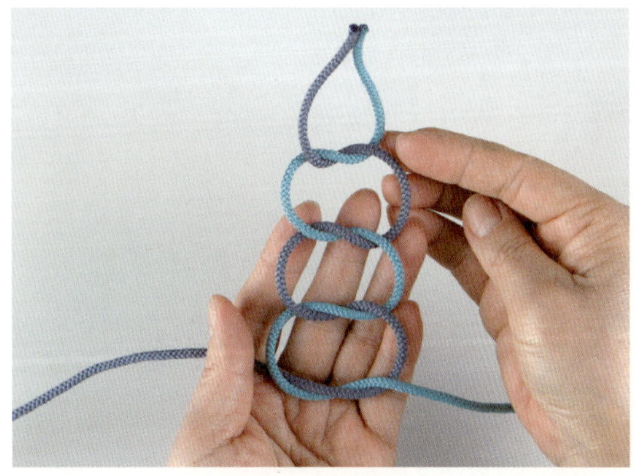

똑같이 왼쪽 끈이 오른쪽 끈 위로 오게 해서 3번을 더 묶는다.

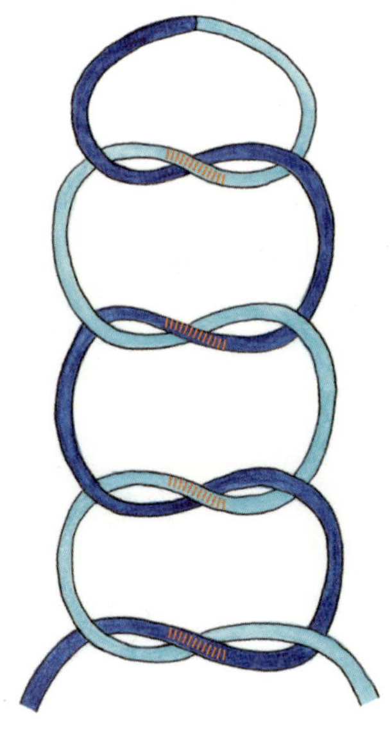

4

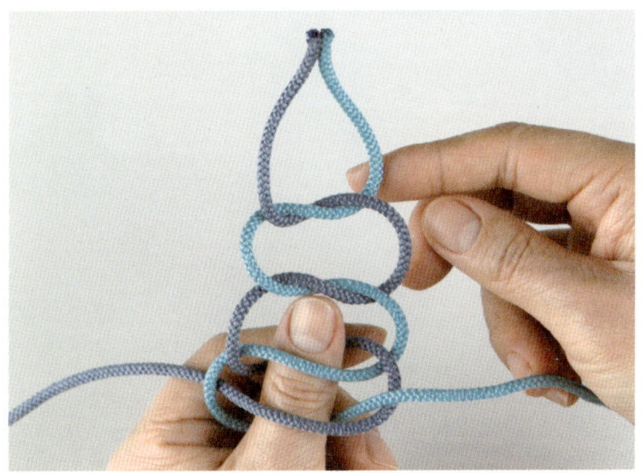

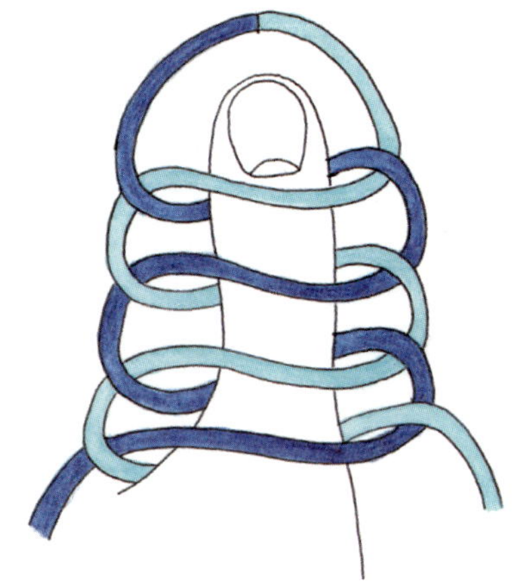

왼손 엄지를 중심 부분에 아래에서 위로 끼운다.

5

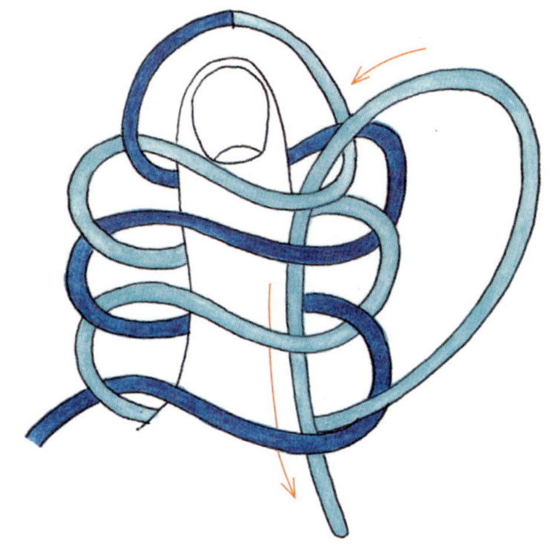

오른쪽 끈을 왼손 엄지 오른쪽에 위에서 아래로 끼워 넣는다.

6

넣은 모양

7

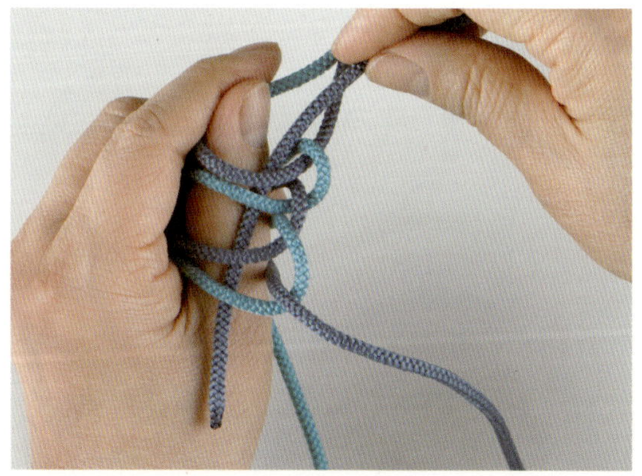

왼쪽 끈을 엄지 왼쪽 뒤에서 아래로 끼워 넣는다.

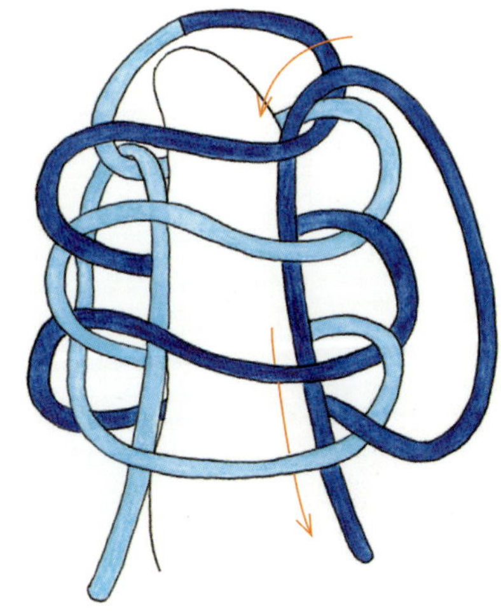

8

두 끈을 넣은 모양

9

왼손 엄지를 옆으로 틀고 오른손 엄지를 같이 넣는다.

10

두 엄지에 걸린 네 끈 중에 맨 위의 끈이 맨 아래로 오게 두 검지를 네 원 속에 넣으며 완전히 뒤집어준다.

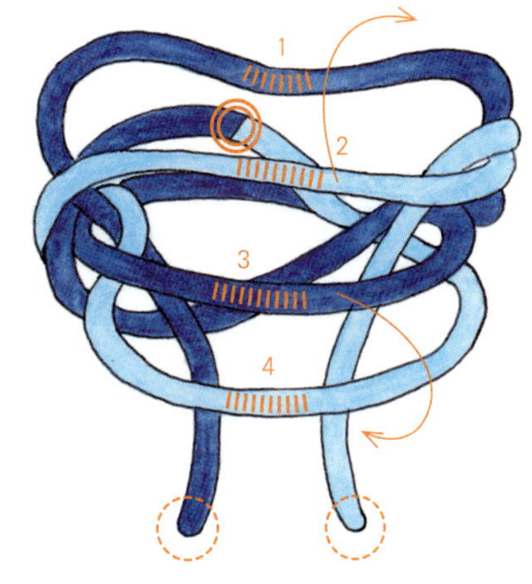

2는 1을 넘어 위로 올리고 3은 4를 넘어 아래로 내린 후, 끈의 중심과 끝(점선 부분)을 잡아당긴다.

11

끈의 중심과 끝을 잡아당기면, 가운데 井자 모양을 중심으로 위아래, 양쪽 옆으로 선이 생긴다.

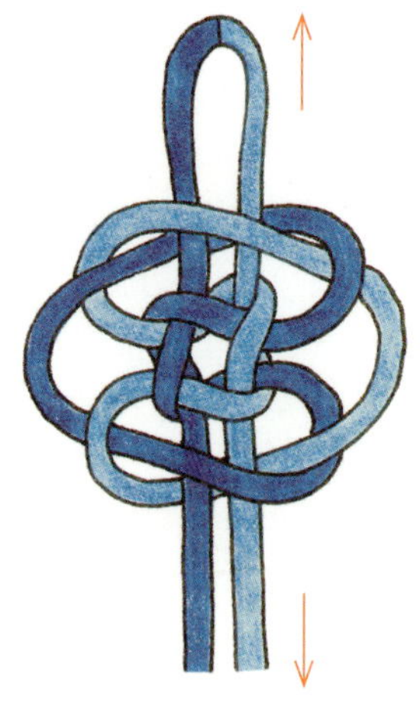

12

양옆의 고를 잡아당기고 위아래 선도 천천히 잡아당겨 조인다.

13

井자 모양을 반듯하게 정리하면 양쪽에 긴 고가 생긴다.

14

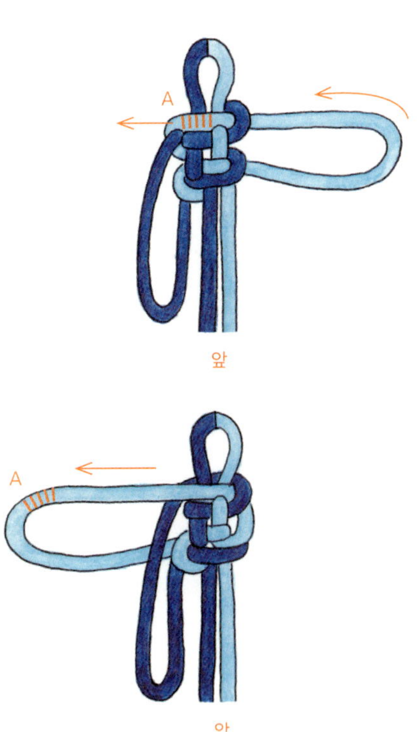

먼저 오른쪽 고부터 조인다.

15

앞뒤로 돌려가면서 차례대로 조인다.

16

오른쪽을 다 정리한 모양

17

같은 방법으로 왼쪽 고도 조인다.

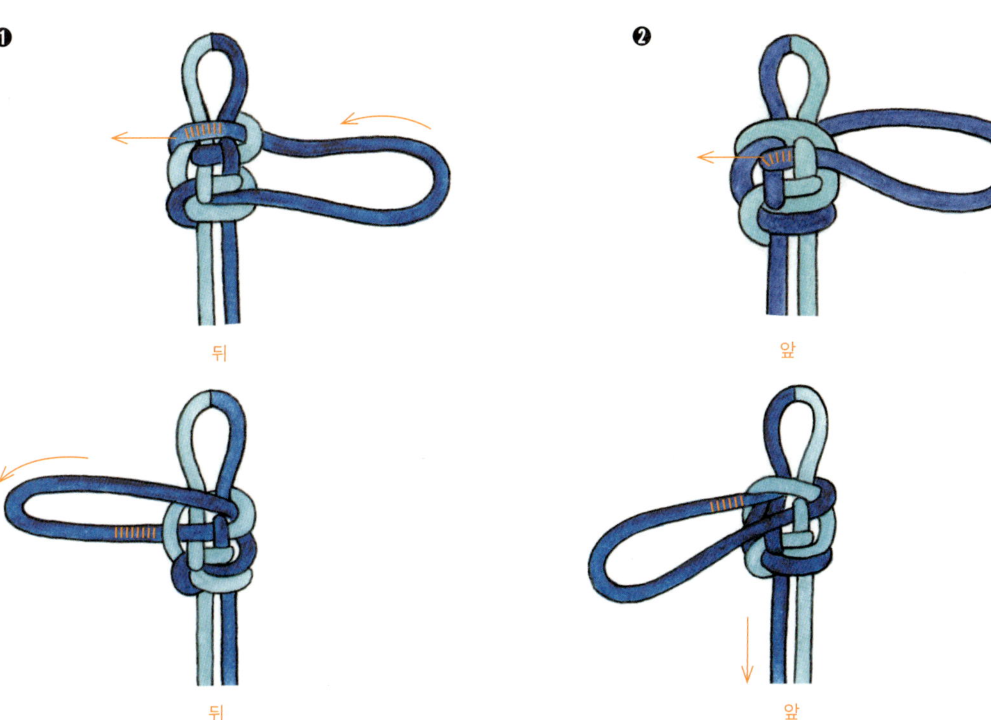

18

완성된 안경매듭

06

가락지매듭

동·서양 모두에서 사용되는 매듭으로 가락지처럼 둥글게 만들거나 펼쳐서 꽃 모양으로 만들어 커튼 장식에 사용한다. 보색이 되는 색으로 만들어 구슬을 끼워놓은 것 같은 장식 효과를 내기도 하며, 끈목이 짧아 다른 끈목으로 이어서 맺을 때 매듭과 매듭 사이의 연결 부분을 가려주는 역할도 한다.

1

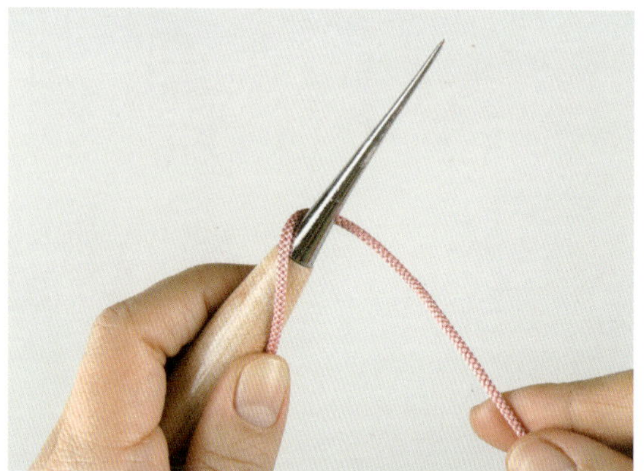

끈 왼쪽을 짧게 하여 잡고 송곳 앞에서 뒤로 감는다.

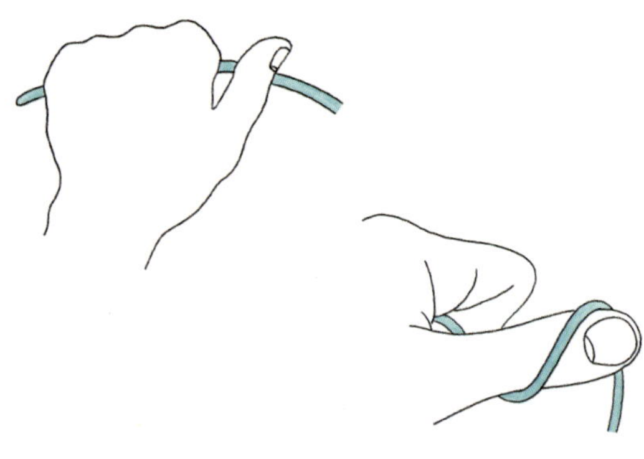

송곳이 없으면 손가락을 사용해 맺을 수 있다.

2

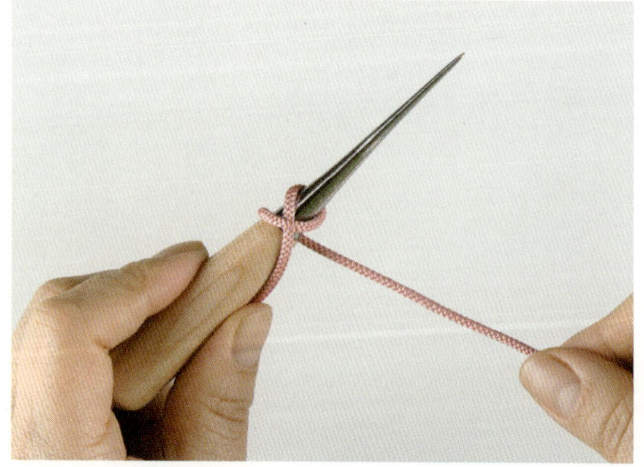

X자 형태로 끈을 교차시켜 한 번 감는다.

3

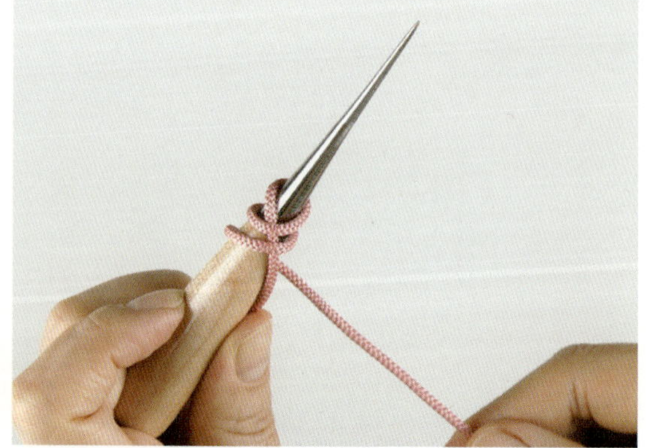

한 번 감은 끈 아래쪽으로 다시 한 번 더 감는데,
너무 꽉 죄지 않도록 한다.

4

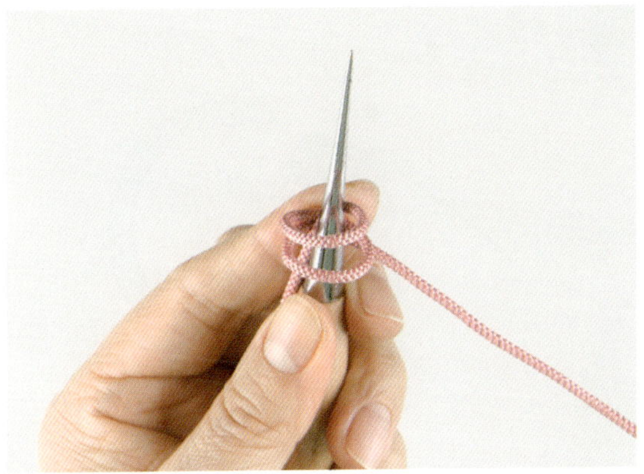

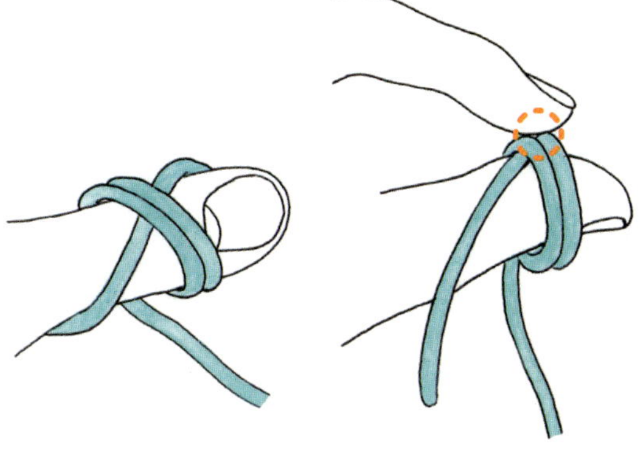

앞부분에 교차된 곳을 뒤로 돌려서 왼손 검지로 눌러 고정한다.

5

위쪽 끈을 아래로 내리고, 그 사이의 공간에 오른쪽 끈을 아래에서 위로 끼운다. 조금씩 전체 원을 돌려가면서 진행한다.

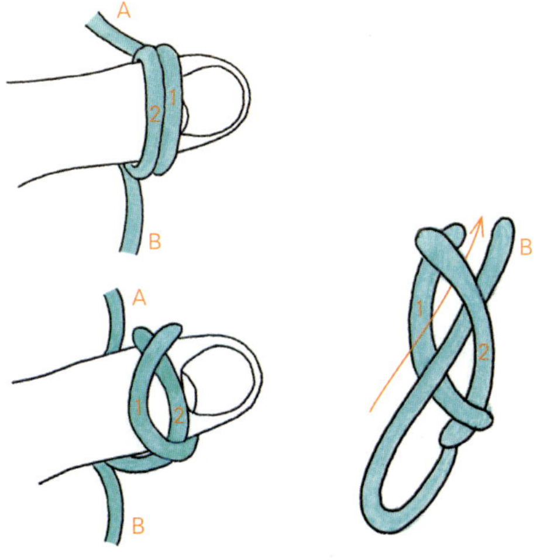

1을 2 위로 덮은 후, B를 1과 2 사이로 넣는다.

6

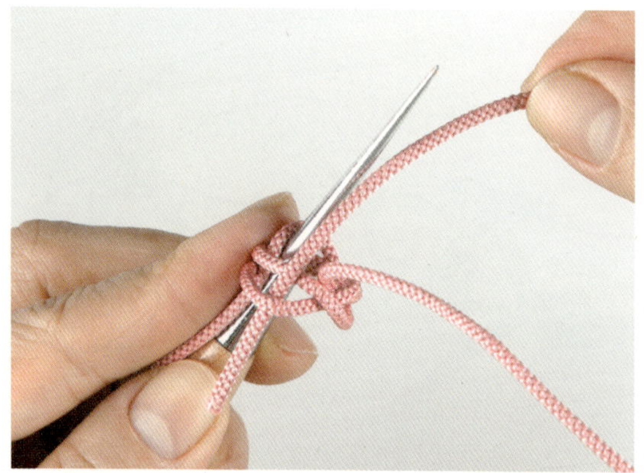

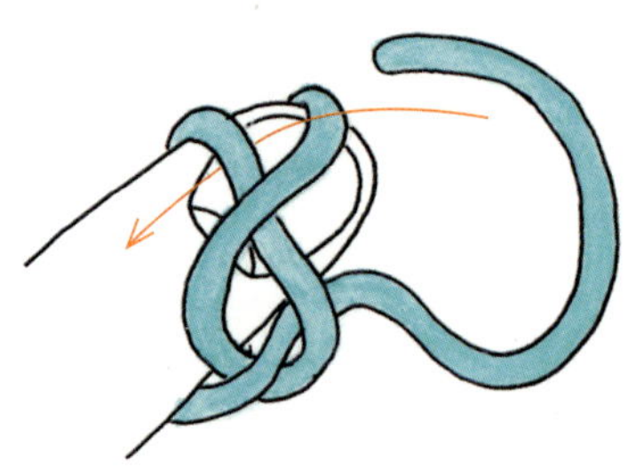

다음은 왼쪽의 교차점 왼쪽으로 위에서 아래로 끼운다.

7

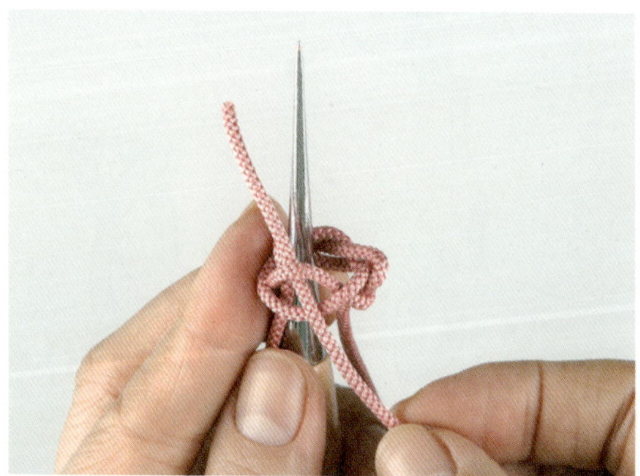

5번 과정처럼 다시 위쪽 끈을 아래로 내리고 그 사이 공간에 끈을 아래에서 위로 끼운다.

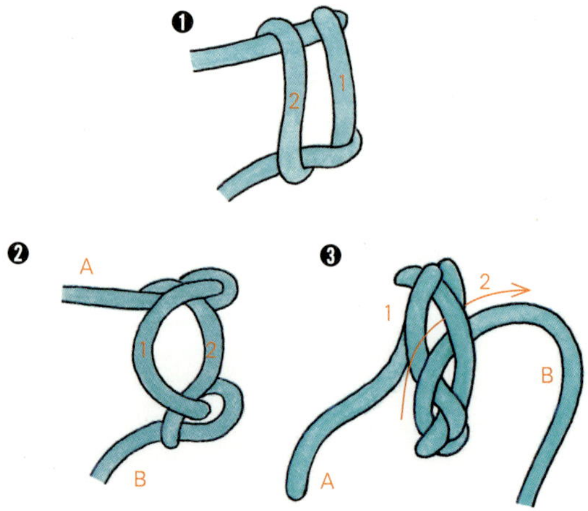

평행한 두 선이 나오면 다시 1을 2 위로 덮고, B를 1과 2 사이에 넣는다.

8

두 번째 돌림은 다섯 봉오리 모양의 끈을 따라서 위에서 아래로 끼우고,

9

아래에서 위로 끼운다.

10

두 번째 선을 만들면 2봉 가락지가 된다. 선을 따라 세 번째, 네 번째 선을 만들면 3봉, 4봉 가락지도 가능하다.

11

완성된 2봉 가락지매듭

12

위쪽을 벌려서 넓게 하면 다섯 잎 꽃 모양이 된다.

07

날개매듭

날개매듭을 두 번 맺어서 잠자리매듭을 만들며, 조선시대 주머니 매듭에 많이 사용하였다. 잠자리 날개처럼 하늘을 날며 시원하게 생각을 펴라는 의미가 있다.

1

도래매듭이나 연봉매듭을 맺어서 매듭이 밑으로 오게 잡고 오른쪽 끈이 왼쪽 끈 위로 오게 해서 한 번 매준다.(반대로 왼쪽 끈이 오른쪽 끈 위로 오게 해서 맺을 수도 있는데, 井자 모양의 방향이 달라진다.)

2

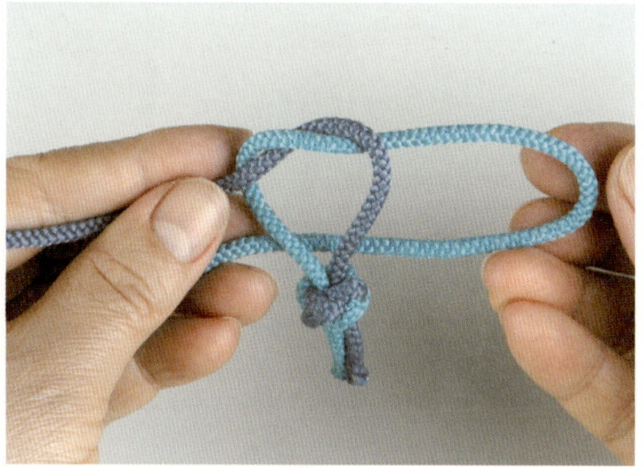

왼쪽 끈으로 중심의 아래 쪽에 날개 고를 만든다.

❶

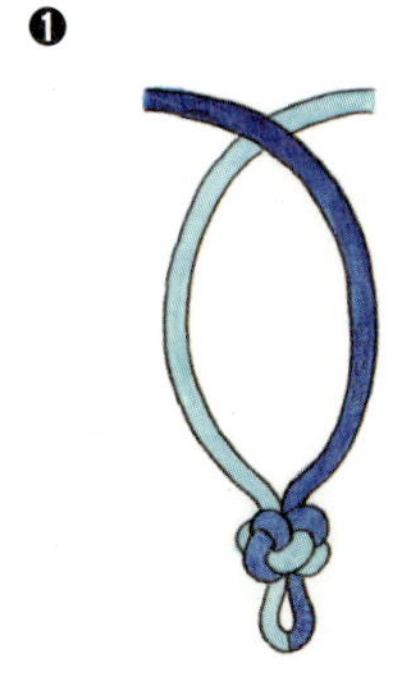

❷

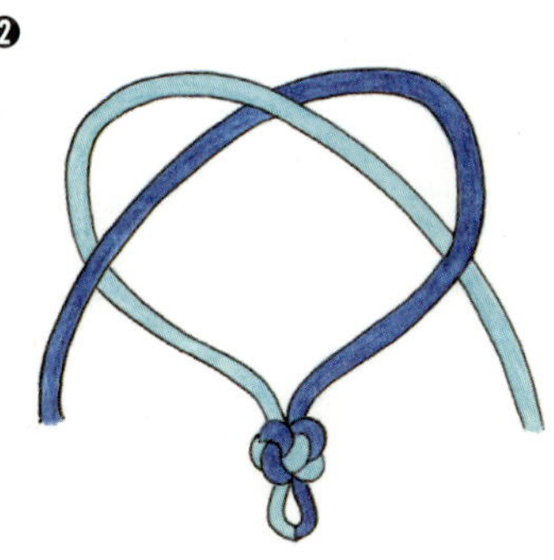

❸

3

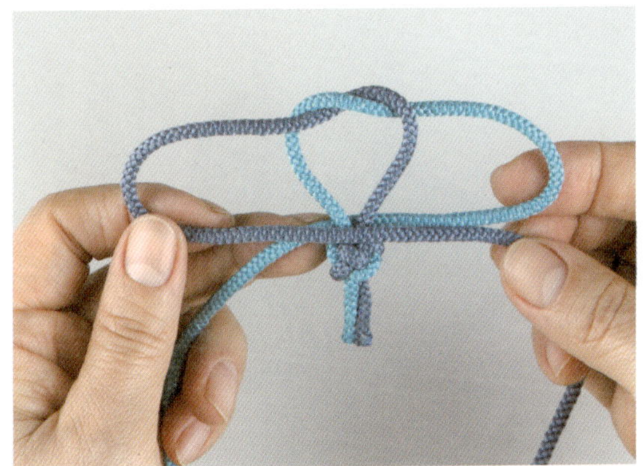

왼쪽 끈으로 중심의 위쪽에 날개 고를 만든다.

4

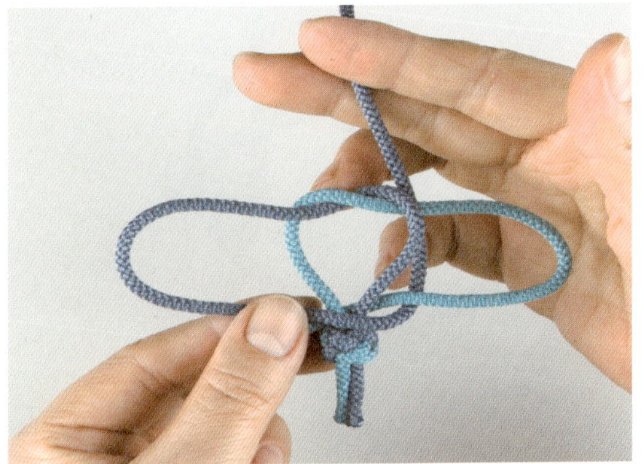

오른쪽 끈을 날개 고의 아래로 돌린다.

5

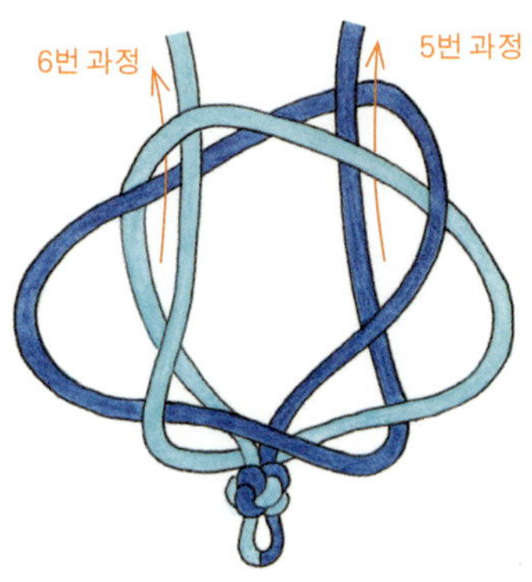

윗부분에 끈이 교차되면서 생긴 오른쪽 고의 아래에서 위로 끈을 넣어 빼준다.

6

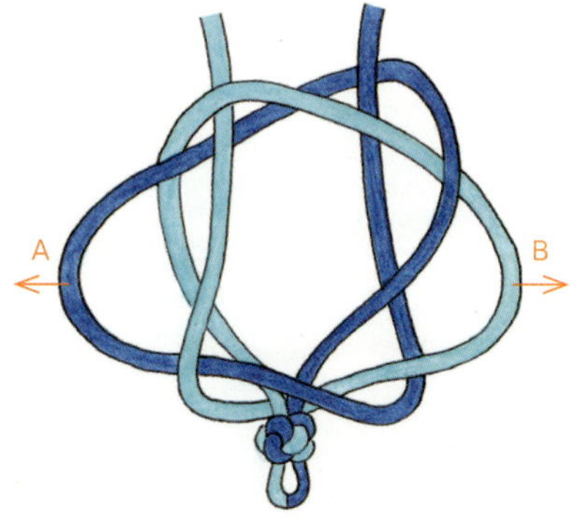

왼쪽 끈은 날개 위로 돌려서 윗부분 왼쪽 고의 위에서 아래로 넣어 빼준다.

A와 B를 잡아당기면 잠자리 날개 부분이 된다.

7

양쪽에 만들어진 날개를 잡아당겨서 가운데 몸통을 井자 모양으로 반듯하게 만든 다음 양쪽 날개 크기가 같게 조인다.

8

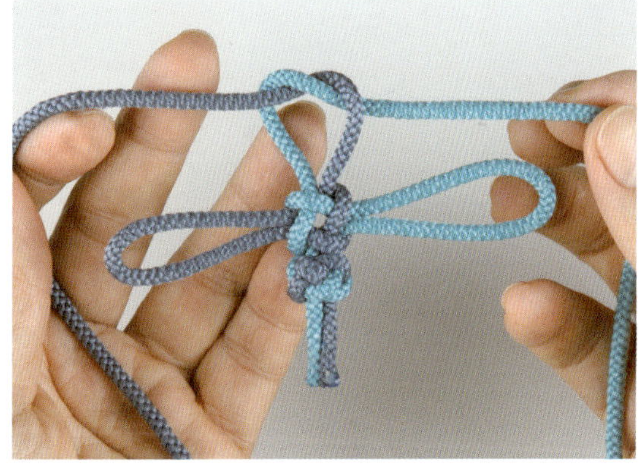

다시 날개매듭을 한 번 더 맺는다. 두 번째 날개는 첫 번째 날개 크기보다 2mm 정도 짧게 맺는다.

9

가운데를 井자 모양으로 반듯하게 조여 완성한다.

10

완성된 날개매듭

08

국화매듭

매듭의 모양이 가을에 피는 국화꽃 같이 생겨서 붙여진 이름으로 두 번 감아 맺어서 두벌감개매듭이라고도 한다. 같은 방법으로 세벌, 네벌, 다섯벌감개까지 손으로 엮을 수 있으며 병아리매듭과 나비매듭의 몸판을 맺는 방법도 같다. 사색판이나 난간매듭의 기본 매듭이 되기도 한다.

1

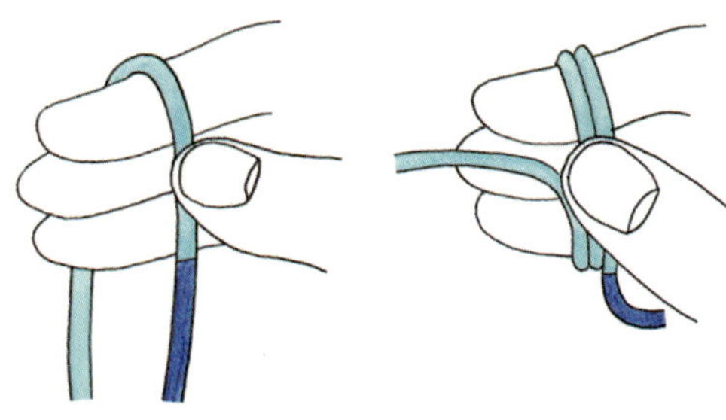

중심의 왼쪽 끈을 오른손에 두 번 감는다.

2

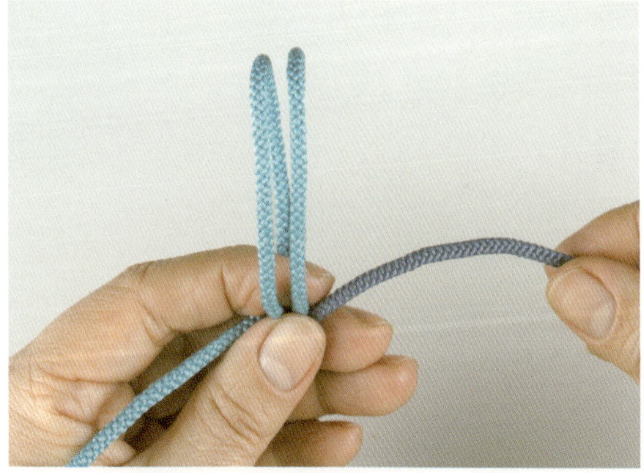

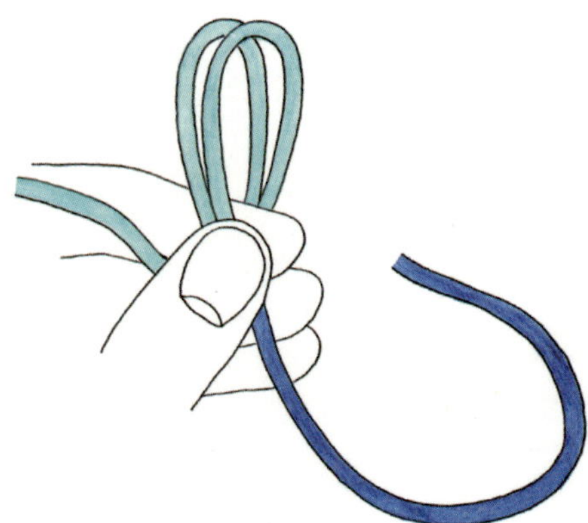

감은 끈을 왼손 검지와 중지 사이에 고정시키고,
끈의 중심은 엄지 밑에 둔다.

3

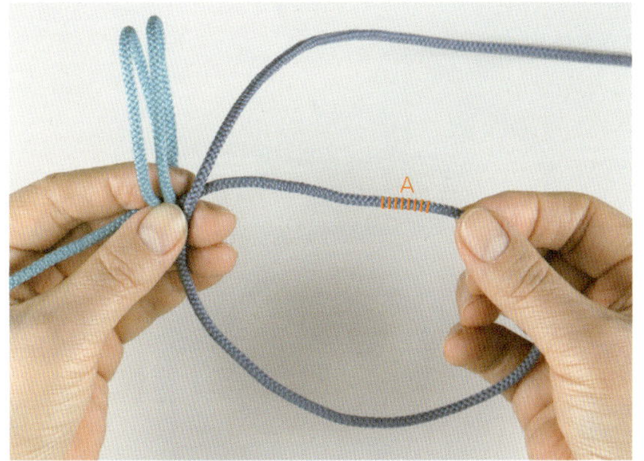

오른쪽 끈으로 왼쪽의 두 고의 두 배 정도의 큰 고를 만든다.

4

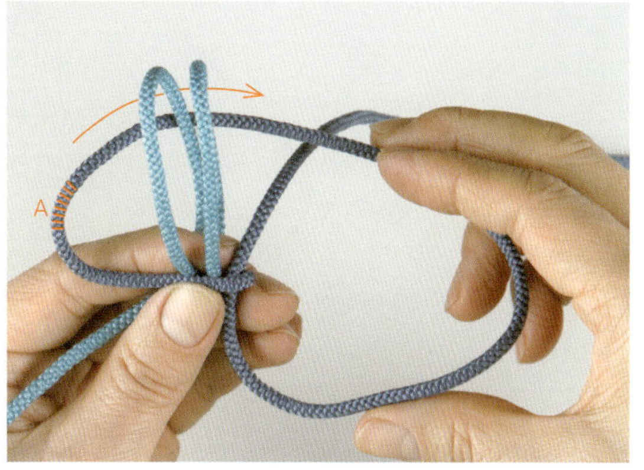

큰 고를 왼손에 있는 두 고의 앞에서 뒤로 감고

5

남은 고의 부분을 바깥쪽으로 젖혀놓는다.

6

왼손 등에 있는 끈을 두 고 사이로 왼쪽에서 오른쪽으로 통과시킨다.

7

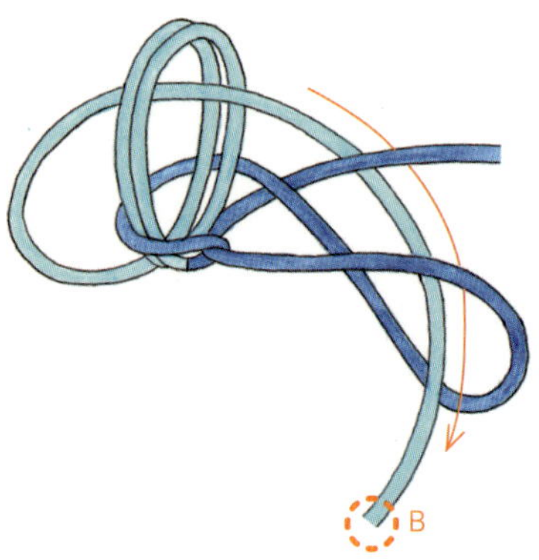

통과시킨 끈을 오른쪽 끈 밑으로 내려서 남은 고의 밑에서 위로 빼내어

8

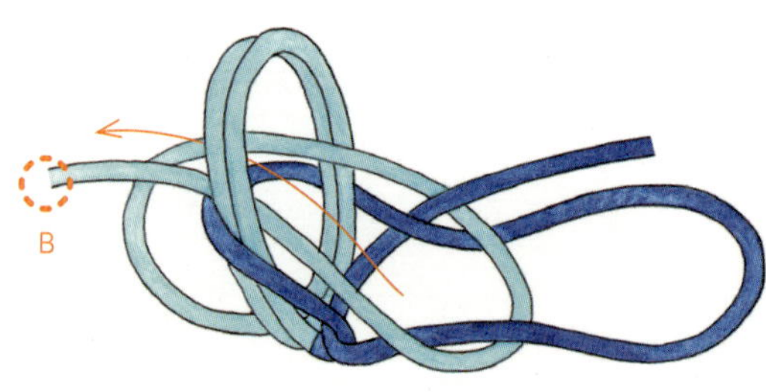

왼손에 두 고의 오른쪽에서 왼쪽으로 넣어서 왼손 등쪽으로 보낸다.

9

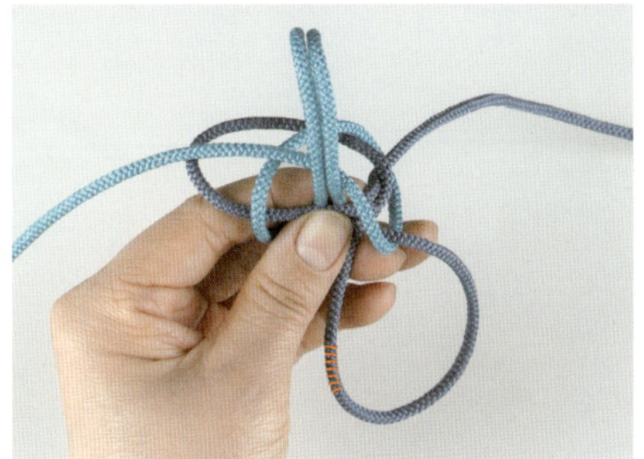

한 과정을 끝낸 모양

10

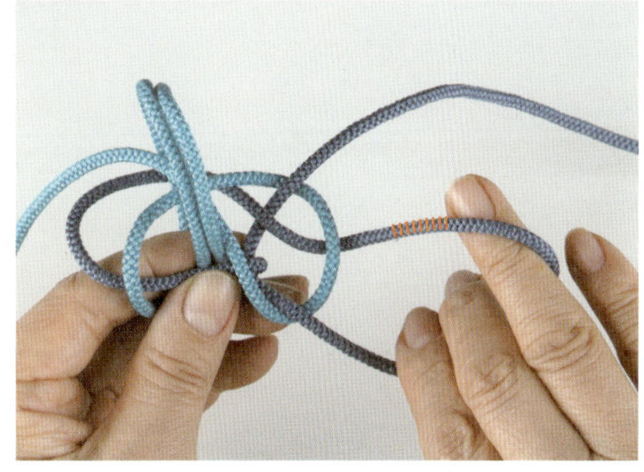

바깥쪽으로 젖혀놓았던 큰 고를 다시 반대로 풀어서

11

왼손의 두 고의 앞에서 뒤로 감는다.

12

남은 고를 바깥쪽으로 젖혀놓는다.

13

왼손 등에 있는 끈을 두 고를 통과시키고 오른쪽 끈 밑으로 돌려서 바깥으로 젖혀놓은 고의 밑에서 위로 빼내고

14

다시 왼손의 두 고 사이로 오른쪽에서 왼쪽으로 넣어 제자리로 보낸다.

15

매듭 엮은 것을 오른쪽으로 90° 돌려서 나란히 있는 두 고가 평행이 되면 왼손 검지를 두 고 사이로 넣어서 오른쪽 끈을 두 고 사이의 첫 번째, 세 번째의 밑에 있는 끈에 엮는다.

16

첫 번째, 세 번째 끈을 엮은 모양

17

그대로 앞뒤를 돌린다.

18

앞뒤를 돌린 모습

19

왼손 검지를 두 고 사이에 넣고 나란히 있는 두 고의 아래쪽 고에 오른쪽 끈을 아래에서 위로 끼운다.

20

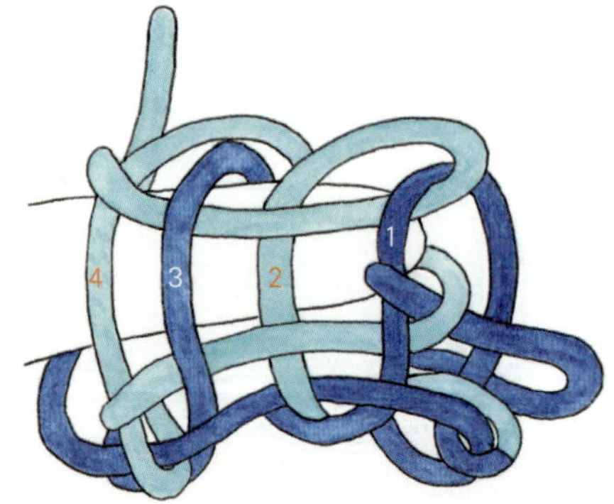

15번 과정과 마찬가지로 이번에는 두 번째, 네 번째 끈에 엮는다.

21

중심을 위로 오게 하고 두 끈을 밑으로 가게 한 다음, 오른쪽 3개, 왼쪽 3개의 고를 찾아서 꽃잎 모양을 잡아주고 몸판을 조인다.

22

완성된 국화매듭

09

동심결매듭

같은 마음이란 뜻을 가졌으며 조선시대에는 합죽선의 사북고리에 가는 끈으로 동심결매듭을 맺고 방울술을 달아서 선추 장식으로 사용하였다. 매듭 중에 유일하게 끈목의 굵기만큼 중심선이 달라지므로 0.5mm 정도의 가는 끈으로 엮어야 맵씨가 난다.

1

왼손바닥에 끈 두 가닥을 놓고 亞자 모양으로 위아래 같은 크기의 고를 만든다.

2

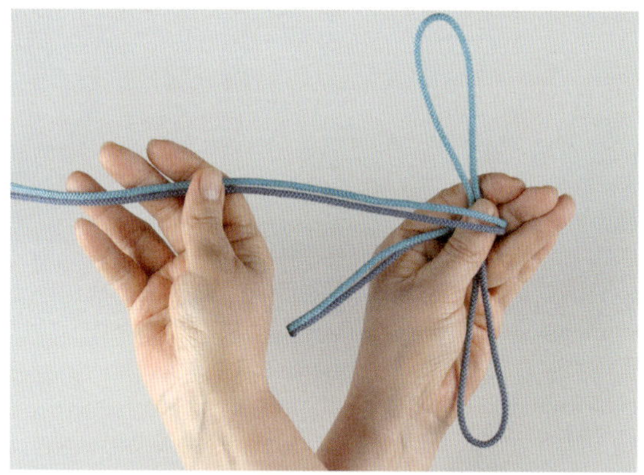

중심부분을 왼손 엄지로 누르고 오른쪽 끈을 위쪽 고와 왼쪽 끈 사이에 접어놓는다.

3

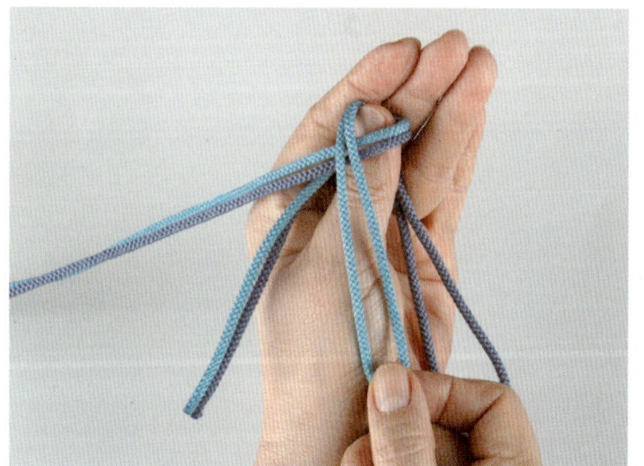

위쪽 고를 그 위로 놓고

4

왼쪽에 있던 끈을 직각으로 놓은 뒤

5

남은 아래쪽의 고를 위로 해서 처음 접었던 고 사이에 넣는다.

6

고를 위쪽, 왼쪽, 아래쪽, 오른쪽 순서대로 살짝 잡아당긴다.

7

처음과 같은 방법으로 이번에는 왼쪽 끈을 오른쪽으로 접고

8

위쪽 고를 그 위로 놓는다.

9

오른쪽 끈을 접고

10

아래쪽 고를 처음 접은 고 사이에 끼운다.

11

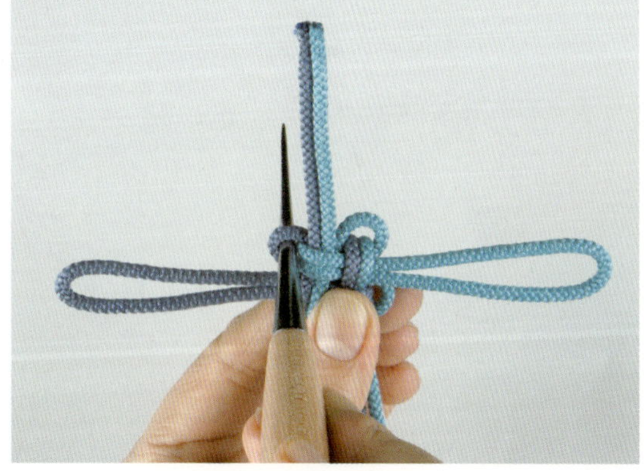

사방으로 끈을 잡아당기면서 모양을 잡는다.

12

완성된 동심결매듭

10

삼정자매듭

생쪽매듭이 3개 엮어진 형태로, 우물 정자 3개가 나란히 맺어져 있어 삼정자매듭이라고 한다. 노리개나 주머니끈 매듭으로 많이 사용하였다. 현대적인 느낌으로 사용할 수 있는 매듭이다. 연속해서 맺으면 재미있는 구성이 된다.

1

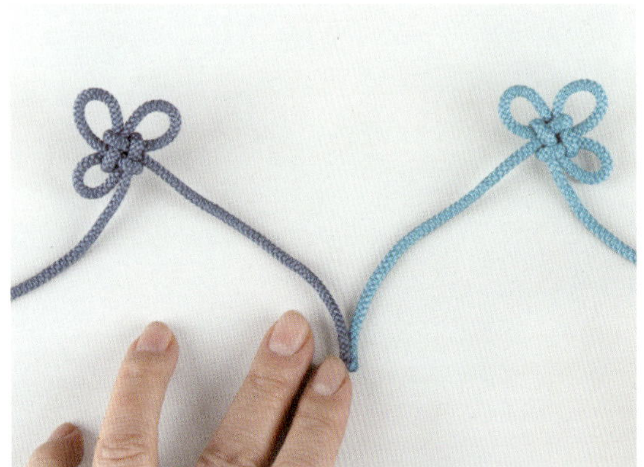

한쪽에 생쪽매듭을 맺고 좌우 위치를 바꾸어 반대쪽에도 생쪽매듭을 맺는다.

2

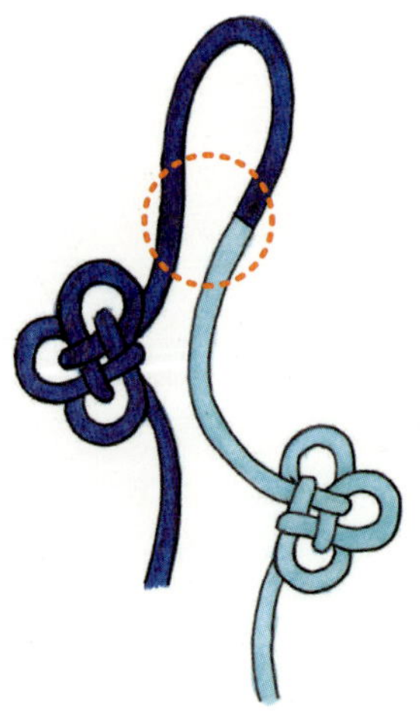

중심에서 왼쪽 생쪽매듭 사이의 끈으로 고를 만든다.

3

맺어져 있는 생쪽매듭의 왼쪽 끈을 먼저 만든 고의 뒤로 돌린다.

4

돌린 부분을 왼손 엄지와 검지로 고정시킨 후

5

중심에서 오른쪽 생쪽매듭 사이의 끈으로 고를 만들어 왼쪽 고에 넣는다.

6

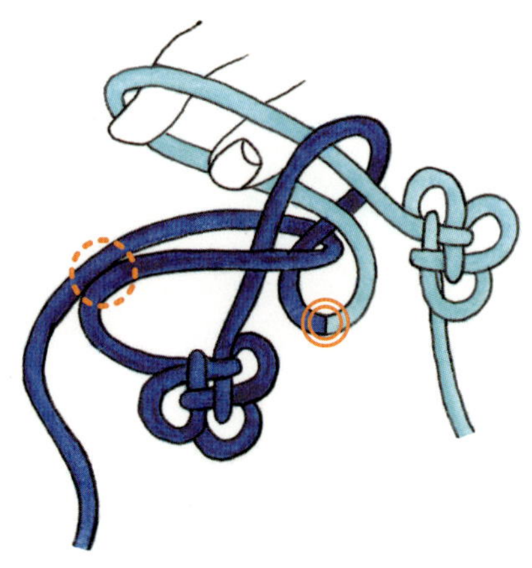

그 안으로 오른손 엄지와 검지를 넣어 왼손으로 잡았던 두 끈을 살짝 올린다.

7

올린 두 고 사이로 오른쪽 끈을 뒤에서 앞으로 빼낸다.

8

가운데 생쪽매듭을 맺는다.

9

생쪽매듭 3개가 맺어진 모양

10

오른쪽 생쪽매듭을 조이고 왼쪽 생쪽매듭도 조인다.

11

완성된 삼정자매듭

11

병아리매듭

병아리 모양 같다고 해서 붙여진 이름이며 국화매듭 양쪽에 생쪽매듭을 맺은 형태이다. 조선시대의 노리개 장식에 가장 많이 사용되었다. 생쪽매듭과 국화매듭 사이의 가락지를 끼워 병아리 매듭을 완성한 유물이 많이 남아 있다. 좌우의 생쪽매듭은 앞뒤가 바뀐다.

1

끈의 중심에서 양쪽으로 20cm 떨어진 위치에 생쪽매듭을 맺는다.

2

중심 왼쪽에 20cm 남긴 부분을 오른손에 두 번 감는다.

3

오른손에 감은 두 고를 왼손으로 옮겨서 생쪽매듭이 왼손 손바닥 안에 들어가게 잡는다.

4

중심 오른쪽에 20cm 남긴 부분의 끈으로 생쪽매듭 맺은 곳까지 큰 고를 만든다.

5

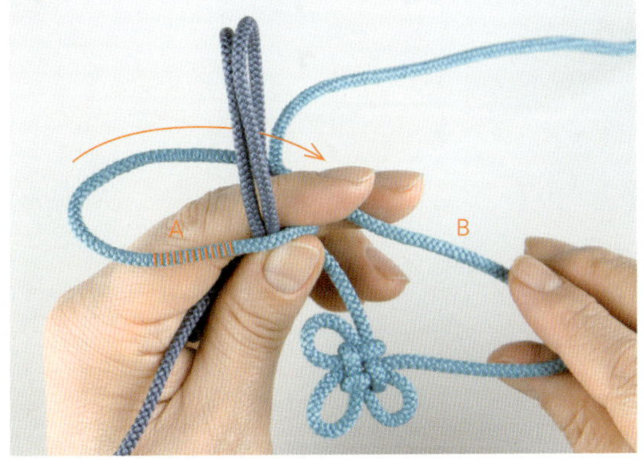

큰 고를 왼쪽 두 고의 크기만큼 앞에서 뒤로 감는다.
(국화매듭의 4-5번 과정과 같다. 105쪽 참고)

6

남은 부분을 바깥쪽으로 젖혀놓는다.

7

왼쪽 끈을 두 고의 왼쪽에서 오른쪽으로 통과시킨다.

8

통과시킨 끈을 오른쪽 끈 뒤로 돌려서 생쪽매듭이 달린 고의 밑에서 위로 빼내고, 다시 두 고의 오른쪽에서 왼쪽으로 넣어 왼쪽 손등의 제자리로 보낸다.

9

젖혀놓았던 오른쪽의 큰 고를 반대로 앞쪽으로 풀어서

10

왼쪽 두 고의 앞에서 뒤로 감는다.

11

생쪽매듭이 달린 남은 부분을 바깥쪽으로 젖혀놓는다.

12

왼쪽 손등에 있는 끈을 두 고 사이의 왼쪽에서 오른쪽으로 통과시키고

13

오른쪽 끈 뒤로 돌려서 생쪽매듭이 달린 고의 밑에서 위로 빼낸 다음

14

두 고의 오른쪽에서 왼쪽으로 통과시켜 제자리로 보낸다.

15

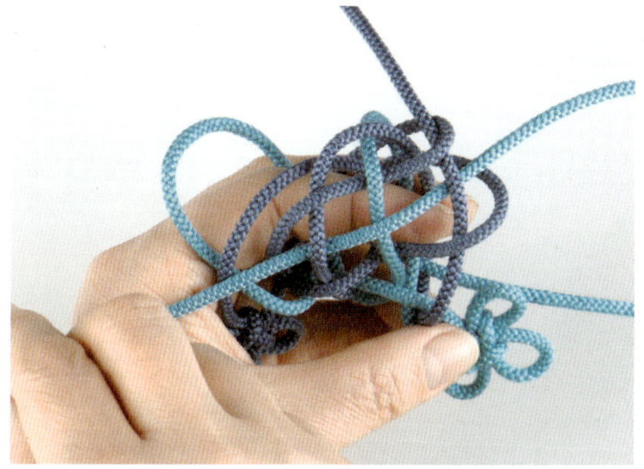

국화매듭을 맺을 때처럼 오른쪽 끈으로 첫 번째, 세 번째 끈에 엮는다.

16

오른손을 대고 앞뒤를 돌린다.

17

돌려놓은 모양

18

오른쪽 끈을 나란히 놓인 두 고 중에 밑에 있는 고의 아래에서 위로 빼내어

19

두 번째, 네 번째 끈에 엮는다.

20

양쪽에 생쪽매듭이 맺어진 국화매듭이 된다.

21

가운데 국화매듭 몸판을 먼저 조인다.

22

왼쪽을 정리하고 오른쪽을 정리한다.

23

완성된 병아리매듭

12

매화매듭

매화의 다섯 꽃잎처럼 생긴 매듭으로, 꽃잎이 7개가 되도록 엮을 수도 있다. 유물에서는 매화매듭이 흔하게 보이지 않지만, 구한말에 군복 가슴 장식에 굵은 금실로 매화매듭을 장식했던 유물이 남아 있다.

1

왼쪽 끈으로 고를 만들어 왼손 검지에 걸어놓고

2

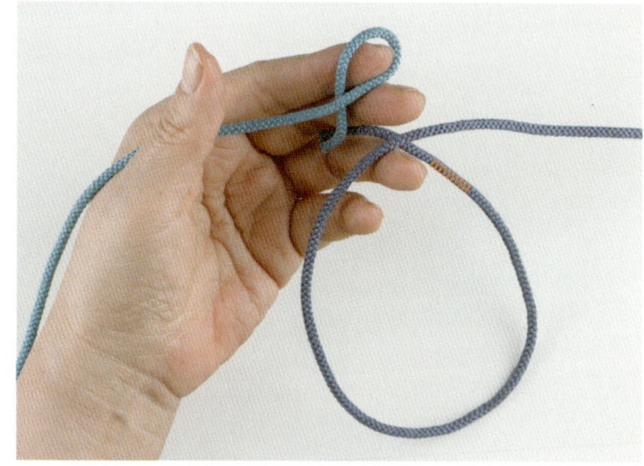

오른쪽 끈으로 큰 고를 만든다.

3

큰 고의 윗부분을 왼손에 걸친 작은 고 뒤로 감아 두 번째 고를 만들고, 돌린 끈을 중지에 S자 모양으로 감는다.

4

중지에 감은 끈으로 다시 작은 고의 왼쪽에 세 번째 고를 만들고 중지에 S자 모양으로 감는다.

5

고의 끝부분을 젖혀서 중지에 끼운다.

6

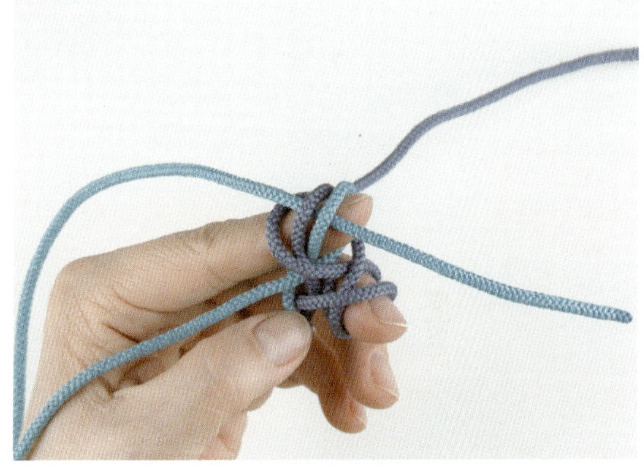

왼쪽 끈을 3개의 고 중에서 오른쪽 2개의 고 왼쪽에서 오른쪽으로 끼워 넣는다.

7

이때 왼쪽 끈을 꽃잎 크기만큼 남긴다.

8

빼낸 끈을 오른쪽 끈 밑으로 해서 중지에 걸린 고 중 앞쪽에 있는 고의 뒤에서 앞으로 통과시킨다.
(이 부분은 국화매듭의 손 모양과 같다)

9

다시 3개의 고 중에서 오른쪽 2개의 고의 사이에 오른쪽에서 왼쪽으로 넣어서 제자리로 보낸다.

10

이번에는 3개의 고 중에서 오른쪽 1개의 고 왼쪽에서 오른쪽으로 끼워 넣는다.

11

다시 나중에 만든 고의 위쪽으로 앞에서 뒤로 끼우고

12

중지에 걸었던 고 중에서 먼저 만든 고의 뒤에서 앞으로 통과시킨다.

13

다시 첫 번째 만든 꽃잎에 연결된 부분(7번 참고)의 아래에서 위로 끼우고 중심과 연결된 부분에 끈을 넣어 마무리한다.

14

꽃잎이 5개 맺어진 모양을 잘 조인다.

15

완성된 매화매듭

13

파리매듭

파리 날개처럼 생겼다 해서 붙여진 이름으로 조선시대 말기의 주머니매듭 유물에서 많이 볼 수 있다. 생쪽매듭의 고를 연결하여 두 번 연속해서 맺는다. 생쪽의 양쪽 고에 게눈매듭이나 가제눈매듭을 맺으면 박쥐모양이 만들어진다.

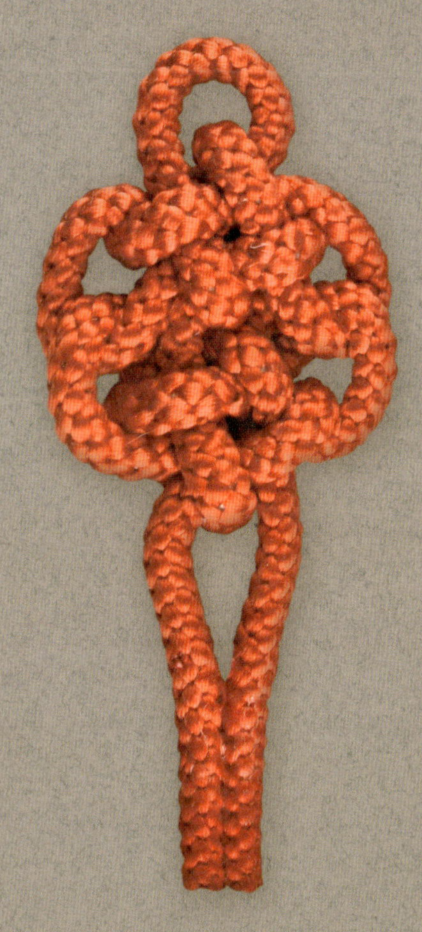

1

끈의 중심에서 왼쪽으로 고를 만든다.

2

만들어진 고의 왼쪽 끈으로 앞에서 뒤로 고를 감고, 오른쪽 끈으로 고를 만들어 왼쪽 고의 앞에서 뒤로 넣는다.

3

넣은 고에 손을 넣어 왼쪽의 두 끈을 올리고 그 사이로 오른쪽 끈을 뒤에서 앞으로 빼낸다.

4

생쪽매듭을 완성한 후 위아래를 바꾸어 쥐고 오른쪽 끈을 오른쪽 고의 아래에서 위로 빼내고 고를 4cm 남긴다.

5

왼쪽 끈도 왼쪽 고의 아래에서 위로 빼내고 4cm 남긴다.

6

먼저 만든 생쪽매듭을 조인 다음, 새로 생긴 왼쪽 고에 왼쪽 끈을 앞에서 뒤로 감아 잡고 두 번째 생쪽매듭을 시작한다.

7

오른쪽에 4cm 남긴 고를 왼쪽 고의 앞에서 뒤로 넣고 그 사이로 빼낸 두 끈의 뒤에서 앞으로 오른쪽 끈을 통과시킨다.(생쪽매듭의 6-8번 과정과 같다. 76-77쪽 참고)

8

생쪽매듭이 2개 맺어지면 왼쪽, 오른쪽을 차례대로 조인다.

9

완성된 파리매듭

14

나비매듭

국화매듭 양쪽에 나비 날개가 맺어져 있는 매듭으로 궁이나 양반가에서 많이 사용되던 매듭이다. 옛 문헌에 '귀하디귀한 나비매듭'이란 표현이 보이는데, 그만큼 좌우 균형이 맞게 나비 모양을 만드는 것이 어렵기 때문이 아닌가 한다. 나비날개의 井자 모양이 반듯해야 제 모양이 갖춰지며, 두 매듭의 조화와 시각의 차이를 적절히 이용하여 맺는다. 노리개, 유소, 주머니 매듭에 많이 사용한다.

1

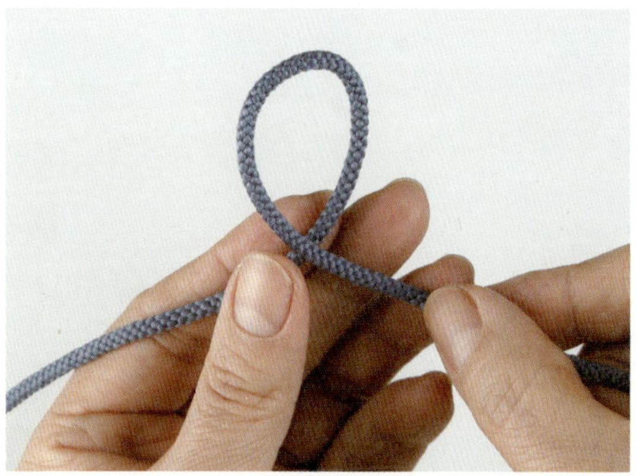

끈의 중심에서 오른쪽으로 10cm 떨어진 위치에 오른쪽 끈이 왼쪽 끈 위에 올라오도록 고를 만든다.

2

고의 중심을 왼손 엄지로 고정시키고, 오른쪽 끈을 엄지 뒤로 돌려서 고의 뒤로 감는다.

3

돌려 감은 끈을 다시 왼손 엄지로 고정한다.

4

먼저 만든 고를 고정시킨 고 사이로 살짝 빼 올린다.

5

오른쪽 끈을 잡고, 먼저 만든 고의 살짝 빼 올린 부분과 남은 부분 사이로 앞에서 뒤로 통과시킨다.

6

평평해지도록 잘 펴주면 가운데 井자 모양이 생긴다.

7

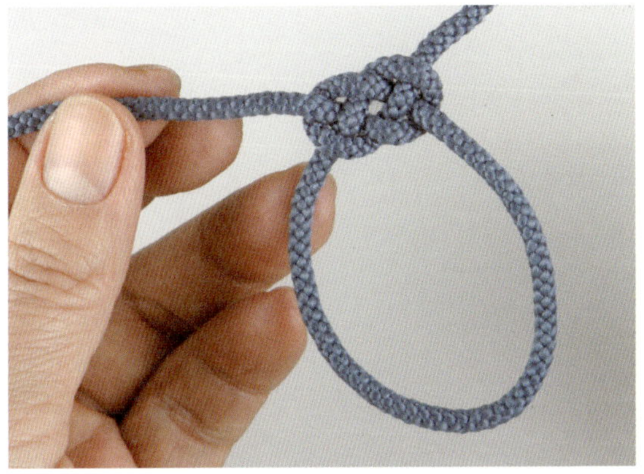

아래쪽 고를 잡아당겨서 크게 만들고 가운데를 잘 조여주면 나비의 날개가 된다.

8

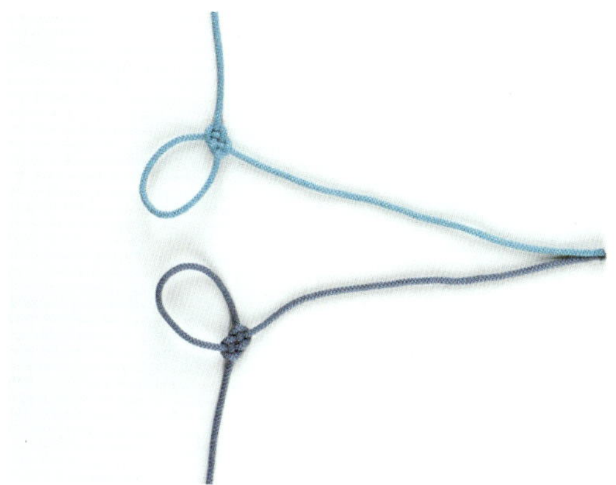

방향을 바꾸어 왼쪽 끈도 똑같은 방법으로 맺어 중심의 양쪽에 날개를 만든다.

9

중심 왼쪽에 10cm 남긴 부분의 끈으로 고를 하나 만들어 나비날개매듭의 고와 나란히 잡는다.

10

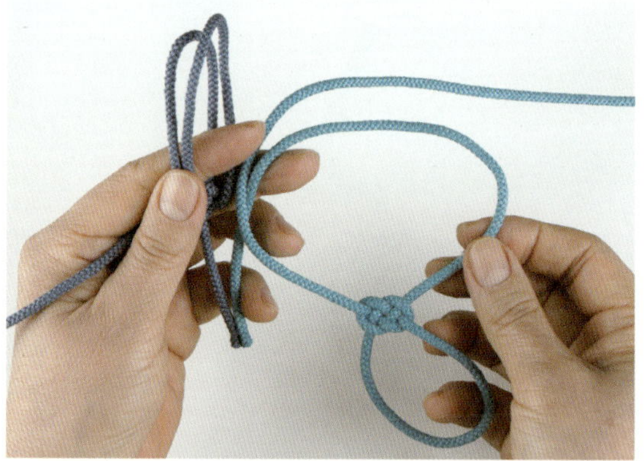

오른쪽에 10cm 남긴 부분으로 큰 고를 만든다.

11

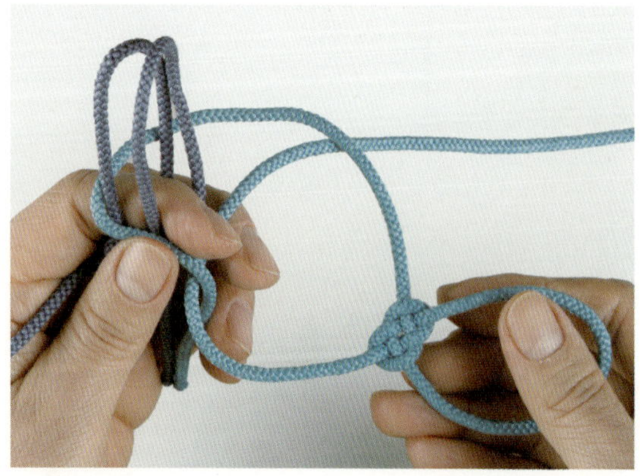

국화매듭을 맺을 때처럼 큰 고를 왼쪽 두 고의 앞에서 뒤로 감는다.

12

남은 부분을 바깥쪽으로 젖혀둔다.

13

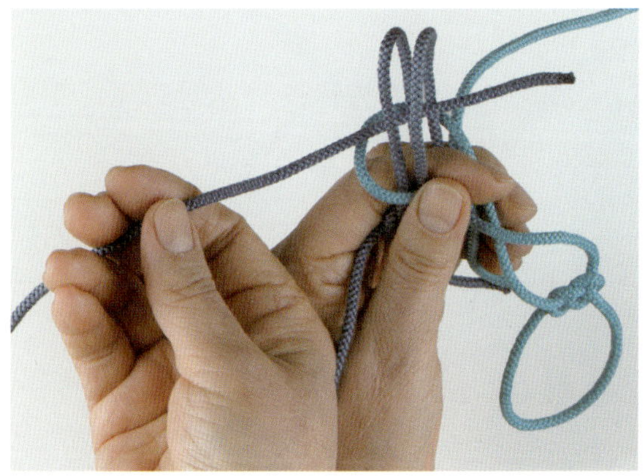

왼손 등의 끈을 두 고 사이로 왼쪽에서 오른쪽으로 통과시키고

14

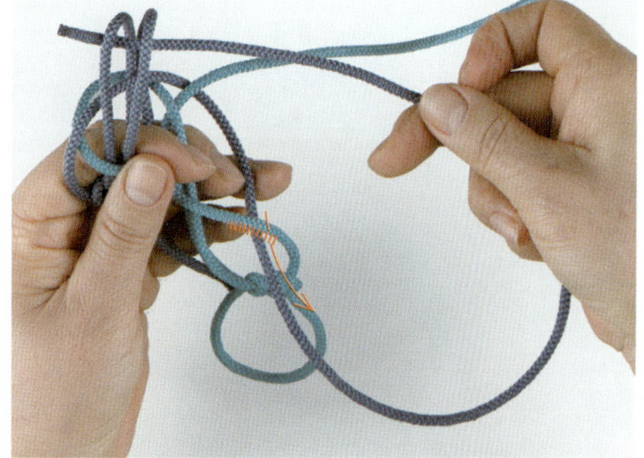

오른쪽 끈 뒤로 돌려서 젖혀놓은 고의 밑에서 위로 빼낸 다음, 다시 두 고의 오른쪽에서 왼쪽으로 통과시킨다.

15

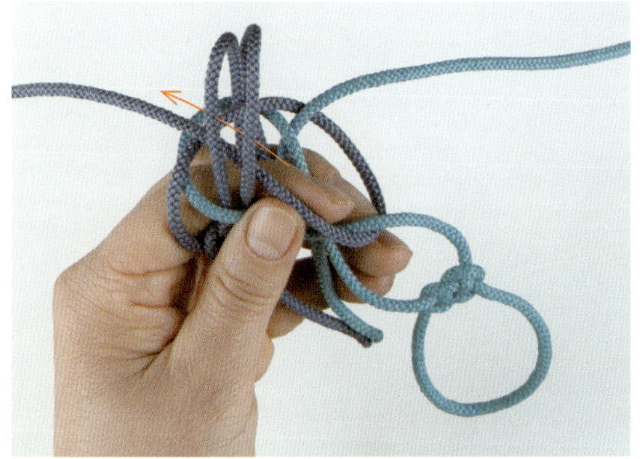

통과시킨 끈을 제자리로 보낸다.

16

젖혀놓은 고를 바깥쪽으로 풀어서

17

나비 날개 부분의 고로 왼쪽 두 고를 감는다.

18

날개매듭에 연결된 남은 앞부분을 바깥쪽으로 젖혀둔다.

19

왼쪽 끈을 두 고 사이로 왼쪽에서 오른쪽으로 통과시켜서

20

날개매듭 앞에 젖혀놓은 고의 밑에서 위로 빼낸다.

21

다시 두 고의 오른쪽에서 왼쪽으로 통과시켜서 제자리로 보낸다.

22

국화매듭 몸판을 엮듯이 왼손으로 두 고 사이를 벌리고 오른쪽 끈으로 첫 번째, 세 번째 끈을 엮은 다음 앞뒤를 바꾸어 뒤집는다.

23

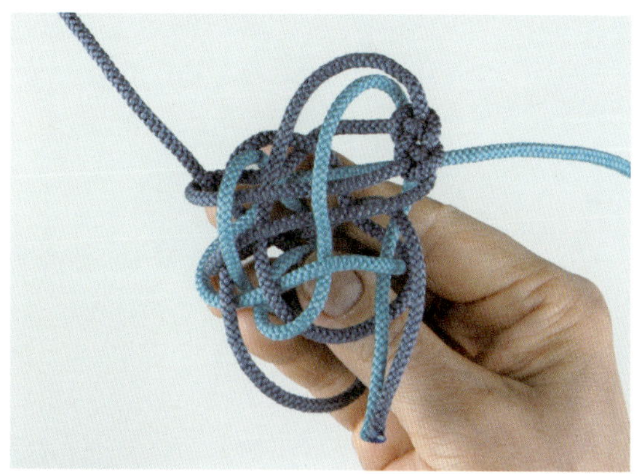

뒤집은 모양

24

오른쪽 끈을 나란히 있는 두 고 중에서 날개매듭에 연결된 밑에 있는 끈의 아래에서 위로 빼내어

25

두 번째, 네 번째 끈에 엮는다.

26

모양을 잡아주면 국화매듭 양쪽에 날개가 달린 나비 모양이 된다.

27

한쪽을 조이고 나머지 한쪽을 조인다.

28

완성된 나비매듭

15

장구매듭

양쪽의 생쪽매듭과 가운데 날개매듭을 합친 것으로 장구 모양과 비슷하여 붙여진 이름이다. 삼정자매듭과 비슷하지만 양쪽 생쪽매듭의 두 선이 한 고 속에 나란히 있는 것이 다르다.

1

끈의 중심 양쪽으로 한 뼘 정도 떨어진 위치에 생쪽매듭을 하나씩 맺는다.

2

왼쪽 끈 위에 오른쪽 끈을 얹어 한 번 묶는다.

3

위에 있는 끈은 중심 위로 놓고, 아래에 있는 끈은 중심 밑으로 놓는다.

4

위에 놓은 끈을 아래로 돌린다.

5

아래로 돌린 끈을 오른쪽의 교차된 곳 사이로 아래에서 위로 빼낸다.

6

아래에 놓은 끈은 위로 돌려 왼쪽의 교차된 곳 사이로 위에서 아래로 넣는다.

7

양쪽의 생쪽매듭 가운데에 날개매듭이 맺어진 모양이 된다.

8

먼저 가운데 날개를 균형을 잡아서 조인 다음 오른쪽 생쪽매듭부터 조인다.

9

한쪽을 정리한 후 반대쪽도 조여 완성한다.

10

완성된 장구매듭

16

세벌감개매듭

맺는 방법은 국화매듭(두벌감개매듭)과 같으나 두 번 감아 맺는 대신 세 번 감아서 맺는 매듭이다. 네벌감개매듭, 다섯벌감개매듭도 같은 방법으로 맺는다.

1

오른쪽 손가락 3개를 벌려서 끈을 세 번 감는다.

2

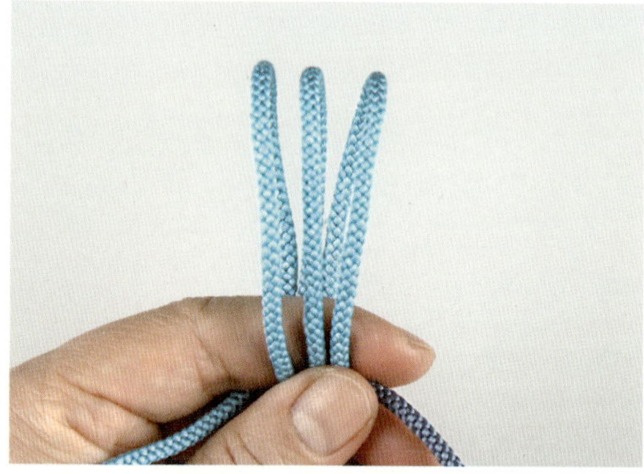

만들어진 3개의 고를 왼손으로 옮긴다.

3

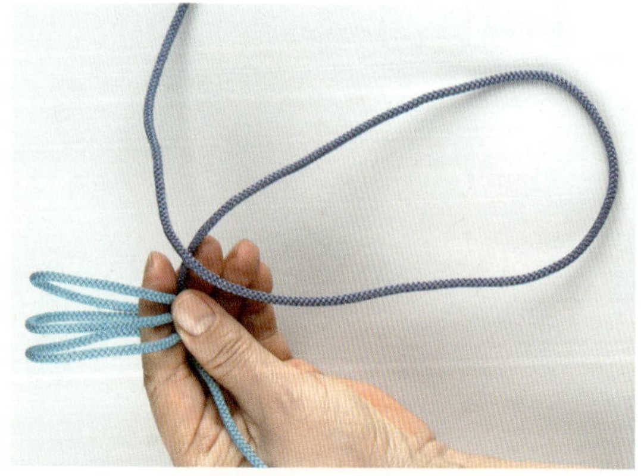

오른쪽 끈으로 3개의 고를 만든 총 길이와 같게 큰 고를 만든다.

4

큰 고의 윗부분을 잡고 3개의 고 앞에서 뒤로 감아 세 고의 크기와 같은 크기의 고를 만든다.

5

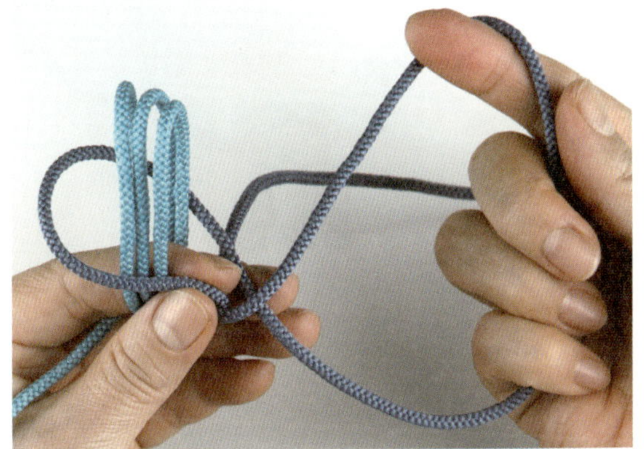

남은 부분은 바깥쪽으로 젖혀놓는다.

6

왼쪽 끈을 3개의 고 사이로 왼쪽에서 오른쪽으로 통과시키고

7

오른쪽 끈 밑으로 돌려서 큰 고의 밑에서 위로 빼낸 다음

8

3개의 고의 오른쪽에서 왼쪽으로 통과시켜 제자리로 보낸다.

9

바깥쪽으로 젖혀놓았던 큰 고를 다시 반대로 풀어서

10

3개의 고의 앞에서 뒤로 감고 남은 고를 바깥쪽으로 젖혀놓는다.

11

왼쪽 끈을 3개의 고 사이로 통과시키고 오른쪽 끈 뒤로 돌려서 남은 고의 밑에서 위로 빼낸 다음, 다시 3개의 고 오른쪽에서 왼쪽으로 넣어 제자리로 보낸다.

12

큰 고를 다시 풀어서 3개의 고의 앞에서 뒤로 감고 남은 고를 바깥쪽으로 젖혀 놓는다.

13

왼쪽 끈으로 10-11번 과정을 반복한다.

14

3개의 고를 오른쪽으로 90° 돌려서 뉘어놓는다.

15

오른쪽 끈을 첫 번째, 세 번째, 다섯 번째 끈 밑으로 엮는다.

16

다 엮은 모양

17

그대로 앞뒤를 돌린다.

18

오른쪽 끈을 맨 아래에 있는 고의 아래에서 위로 끼우고

19

첫 번째, 세 번째, 다섯 번째 끈에 엮는다.

20

다시 앞뒤를 돌려서 첫 번째, 세 번째, 다섯 번째 끈에 엮는다.

21

다 엮은 모양

22

다시 앞뒤를 돌려 오른쪽 끈을 고의 아래에서 위로 끼우고

23

첫 번째, 세 번째, 다섯번 째 끈에 엮는다.

24

꽃잎이 11개 나온 모양

25

가운데 몸통을 먼저 조인 후

26

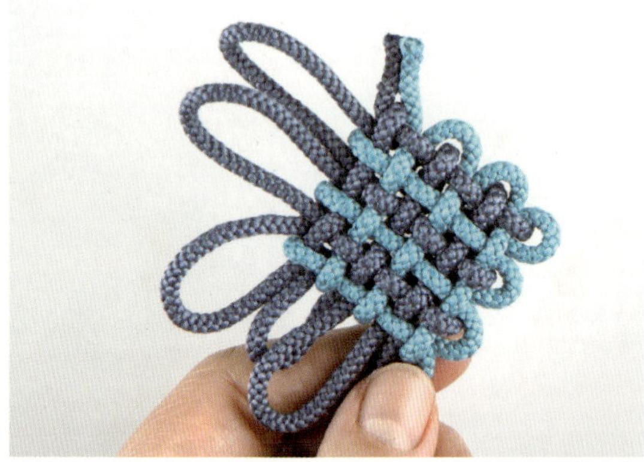

오른쪽을 조이고 왼쪽을 마저 조여서 정리한다.

27

완성된 세벌감개매듭

17

가지방석매듭

생쪽매듭 5개의 고를 서로 걸어서 방석 같이 둥글게 맺는 매듭이다.
주머니 장식이나 선추 장식에 많이 사용했다. 편안한 느낌을 주는 매듭으로,
생쪽 다섯 개를 균형 있게 조여야 아름다운 가지방석매듭이 된다.

1

중심에 생쪽매듭을 맺은 후 중심이 앞쪽으로 오도록 놓고

2

오른쪽 끈을 오른쪽 고의 아래에서 위로 끼운다.

3

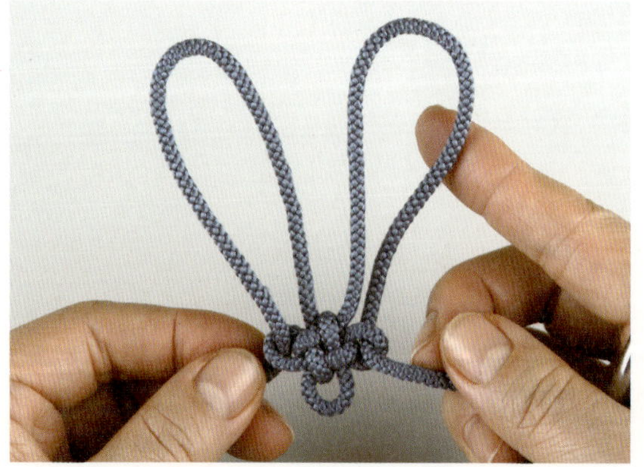

왼쪽 고에는 왼쪽 끈을 아래에서 위로 끼워서 토끼 귀처럼 만든다.

4

귀 오른쪽의 끈으로 고를 만든다.

5

오른쪽 귀로 고를 감고 생쪽매듭을 맺는다.

6

오른쪽 끈을 두 선 사이로 뒤에서 앞으로 끼운다.

7

두 번째 생쪽매듭이 완성된 모양

8

같은 방법으로 왼쪽에 세 번째 생쪽매듭을 만든다.

9

왼쪽 생쪽매듭과 가운데 생쪽매듭 사이의 끈으로 고를 만들어서 생쪽매듭을 시작해서

10

오른쪽 생쪽매듭 사이의 끈으로 고를 만들어서 감고 오른쪽 끈으로 넣는다.

11

네 번째 생쪽매듭이 완성된 모양

12

첫 번째, 네 번째 생쪽매듭을 조여서 붙이고(1),
두 번째, 세 번째 생쪽매듭의 고에 끈을 끼운 후(2, 3),

13

한쪽을 먼저 정리한다.

14

A선을 조여 오른쪽 생쪽매듭을 중심 생쪽에 붙여놓고 오른쪽 생쪽의 고를 차례로 조여준다.

15

네 번째 생쪽매듭도 조여서 붙인다.

16

생쪽매듭 4개를 정리한 모양

17

첫 번째 생쪽매듭이 몸 앞쪽으로 오게 놓고,
왼쪽 고를 왼쪽 끈으로 엮고 오른쪽 고를 끼워서
생쪽매듭을 맺는다.

18

다섯 번째 생쪽매듭을 맺은 후

19

오른쪽을 먼저 조이고 왼쪽을 차례로 조인다.

20

완성된 가지방석매듭

18

벌매듭

벌매듭은 세벌감개매듭이나 그 이상의 감개매듭 양쪽에 맺는 매듭이다.

꽃에 벌이 앉은 모양으로 장식되는 매듭이다.

1

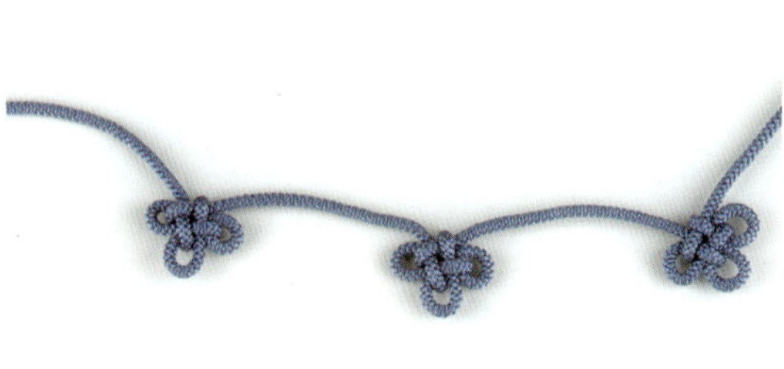

생쪽매듭 3개를 맺는다.

2

왼쪽 생쪽매듭과 중심 생쪽매듭 사이에 고를 만들고

3

왼쪽 끈으로 건다.

4

오른쪽 생쪽매듭과 중심 생쪽매듭 사이의 끈으로 고를 만들어 왼쪽 고 사이에 엮는다.

5

왼쪽에 잡고 있던 끈을 오른쪽 고 위로 살짝 빼내고 그 사이로 오른쪽 끈을 끼우면

6

네 번째 생쪽매듭이 맺어진다.

7

생쪽매듭 4개를 차례로 좌우 균형이 맞게 정리한다.

8

완성된 벌매듭

19

꼰디기매듭

꼰디기라는 말은 누에고치(번데기)에서 나온 말로서 귀도래매듭에 외도래매듭 2개와 도래매듭 2개를 맺은 모양이다. 외도래의 나란한 선을 옆으로 오게 만들어 사이를 벌려주면 게눈매듭이라고 한다. 매듭 중에 제일 부피감이 있으며, 독립되게 연속으로 매듭을 맺어도 아름다운 구성이 되는 매듭이다.

1

도래매듭을 맺은 후,

2

오른쪽 끈 위에 왼손 엄지를 올려놓고 한 번 감고

3

한 번 더 감은 다음

4

엄지를 뺀다.

5

끈의 끝을 뒤에서 앞으로 넣으면

6

외도래매듭이 된다. 앞은 X 모양이고

7

뒤쪽은 끈이 나란히 놓인 모양이 된다.

8

다른 한쪽도 외도래매듭을 맺는다.

9

끈을 뒤에서 앞으로 넣는다.

10

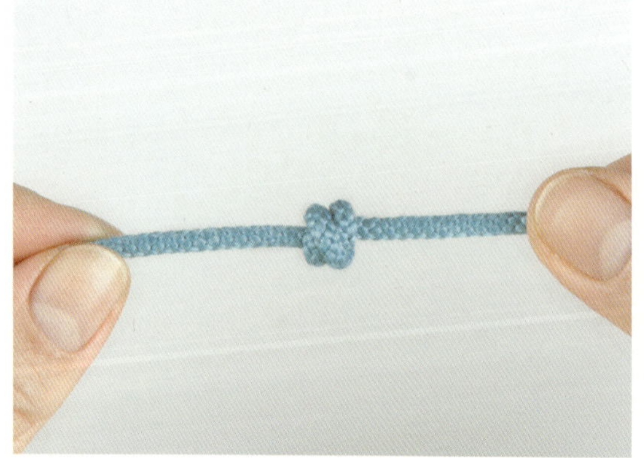

다른 한쪽의 외도래매듭

11

이제 귀도래매듭을 맺는데, 먼저 한쪽 끈으로 작은 고를 만들고 왼쪽에서 오른쪽으로 끈을 통과시킨다.

12

다시 세 손가락 뒤로 돌려서 큰 고를 만든다.

13

도래매듭 맺을 때처럼 두 고를 한 바퀴 돌린다.

14

큰 고를 젖히고 그 안으로 고를 만든다.

15

도래매듭 안으로 끈을 넣고

16

세 손가락 뒤로 돌려서 큰 고를 만든 다음, 앞쪽의 작은 고 2개 사이로 통과시킨다.

17

가운데 도래매듭을 누르며 양쪽의 네 끈을 바로잡고

18

두 귀를 당겨서 조이면

19

양쪽에 외도래매듭이 달린 귀도래매듭이 된다.

20

외도래매듭을 도래매듭 쪽으로 옮기면서 조인다.

21

외도래매듭의 두 끈이 나란히 놓인 쪽이 바깥을 향하도록 옮긴다.

22

양쪽을 조인 모양

23

아래쪽에 다시 도래매듭을 맺으면

24

도래매듭 2개, 외도래매듭 2개가 달린 귀도래매듭이 된다.

25

외도래매듭의 나란히 놓인 두 끈을 양쪽으로 벌려서 도래매듭 쪽으로 붙인다.

26

한쪽을 붙인 모양. 이렇게 윗부분이 직선으로 올라간 모양이 게눈매듭이다.

27

다른 한 쪽도 같은 방법으로 붙이면 꼰디기매듭이 된다.

28

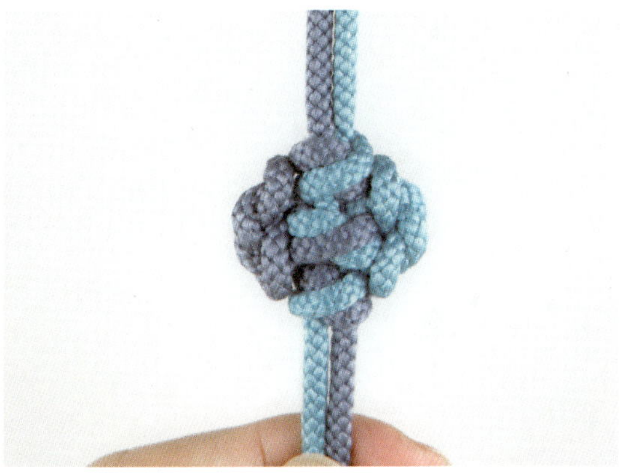

완성된 꼰디기매듭

20

매미매듭

가재눈매듭, 게눈매듭, 꼰디기매듭, 매미매듭 네 가지가 다 섞여 있는 매듭이다. 도래매듭 4개와 귀도래매듭 3개가 연속으로 맺어져 매미매듭이 된다. 매미는 조선시대에 도가의 신선사상과 관련되어 평안한 삶을 의미했기 때문에 이 매듭은 주로 남자들의 주머니매듭에 많이 사용되었다.

1

도래매듭을 맺은 후 한쪽 끈으로 엄지를 시계방향으로 한 번 감아준다.

2

엄지를 빼고 끈의 끝을 오른쪽에서 왼쪽으로 통과시키면

3

가재눈매듭이 된다.

4

다른 쪽 끈에도 가재눈매듭을 맺는다.

5

끈 양쪽에 가재눈매듭을 맺었으면 귀도래매듭을 맺는다.

6

양쪽의 가재눈매듭을 양쪽이 같은 모양이 되게 만져준다.

7

도래매듭을 맺으면 매미매듭의 머리 부분이 완성된다.

8

양쪽 끈에 귀도래매듭을 맺을 수 있을 만큼(20cm) 남겨놓고 생쪽매듭을 맺는다.

9

생쪽매듭이 귀 부분에 오도록 귀도래매듭을 맺는다.

10

같은 방법으로 다른쪽 귀도 마저 만든다.

11

귀도래매듭에 생쪽매듭이 달린 모양.

12

한쪽씩 차례로 조인 다음 꼰디기매듭을 맺으면 매미매듭이 완성된다.

13

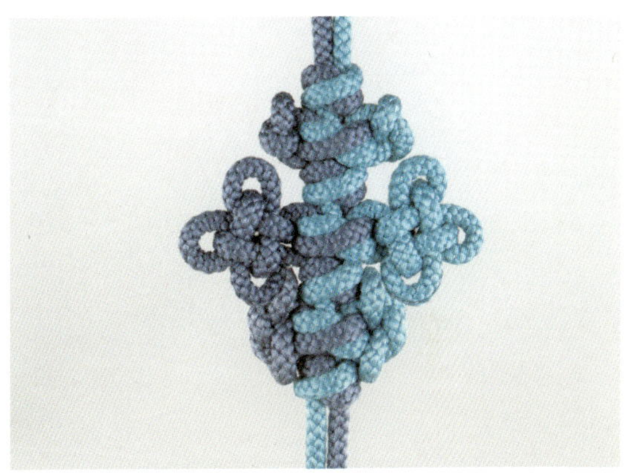

완성된 매미매듭

21

석씨매듭

석씨매듭은 초파일 등 불교 관련 의식에서 사용되던 인로왕번에 제일 많이 쓰이는 매듭이다. 불가에서는 국화매듭이나 나비매듭은 사용하지 않고 생쪽매듭으로 엮는 석씨매듭만 사용했다.

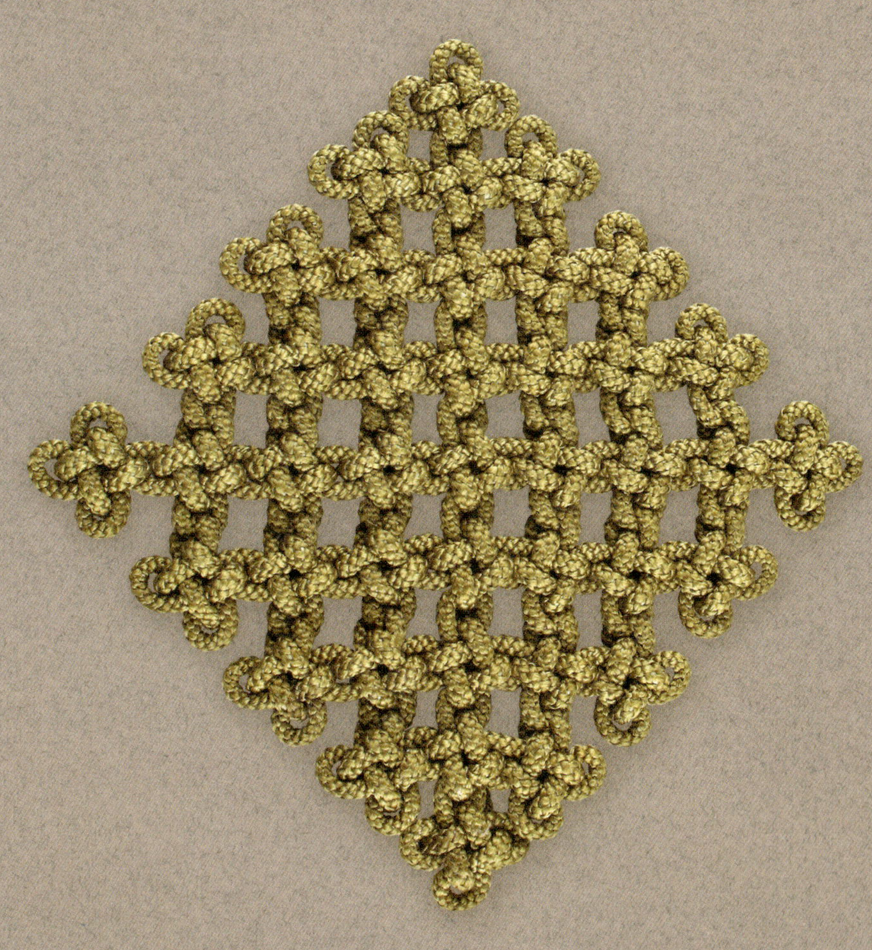

1

벌매듭을 맺은 후,

2

벌매듭 중심을 몸 앞쪽으로 오게 놓고 양쪽
생쪽매듭의 고에 끈을 끼워 토끼 귀처럼 만든다.

3

오른쪽 끈으로 생쪽매듭을 하나 더 맺은 후,

4

생쪽매듭과 몸판 사이의 끈으로 고를 만들고
오른쪽 귀로 감아준다.

5

생쪽매듭의 오른쪽 끈으로 고를 만들어 왼쪽에 빼놓은 고 사이에 끼운다.

6

왼쪽에 잡고 있던 끈을 고 사이로 빼내고 오른쪽 끈을 끼워 넣어

7

여섯 번째 생쪽매듭을 완성한다.

8

좌우를 바꾸어 같은 방법으로 일곱 번째, 여덟 번째 생쪽매듭을 맺는다.

9

여덟 번째 생쪽매듭을 맺은 모양

10

아홉 번째 생쪽매듭을 맺은 모양

11

먼저 가운데 생쪽매듭을 위로 붙여 조인다.

12

한쪽을 먼저 조인다.

13

일곱 번째 생쪽매듭의 고에 끈을 끼운 후 조인다.

14

여덟 번째 생쪽매듭을 조이면서 생쪽매듭의 고에 끈을 끼운다.

15

셋째 단 생쪽매듭 5개 중 두 번째 생쪽매듭에 한쪽 끈을 끼운 후 생쪽매듭을 조인다.

16

반대쪽 끈을 네 번째 생쪽매듭에 끼우고 생쪽매듭을 조여 토끼 귀처럼 만든다.

17

오른쪽 끈으로 고를 만들어서 길게 만든 귀로 엮어 다시 생쪽매듭을 시작한다.

18

양쪽에 열 번째, 열한 번째 생쪽매듭을 맺은 후

19

가운데에 열두 번째 생쪽매듭을 맺는다.

20

왼쪽을 조이고 오른쪽을 차례로 조인다.

21

열세 번째 생쪽매듭을 맺고 조인다.

22

완성된 석씨매듭

같은 방법으로 중심의 생쪽 수를 5, 7, 9, 11…개가 되도록 늘려 크게 만들 수 있다.

22

거꾸로나비매듭

몸판은 국화매듭 엮는 것과 같으나 나비날개매듭을 국화매듭 엮는 과정 중에 만들어 나비가 거꾸로 앉은 것 같은 형태가 된다. 두 나비를 위아래로 맺을때 필요한 매듭이다.

1

처음은 국화매듭을 맺는 방법과 같이 왼손에 고를 2개 만든다.

2

오른쪽 끈으로 두 고를 엮는다.

3

왼쪽 끈을 두 고를 통과시키고 오른쪽 끈 밑으로 돌려서 오른쪽 고의 밑에서 위로 통과시킨 다음 다시 제자리로 보낸다.

4

왼쪽 끈을 그 끈과 연결된 고의 밑에서 위로 빼놓고

5

오른쪽 고를 시계방향으로 비튼다.

6

비튼 고를 젖혀 연결된 끈에 얹고 아래 있는 끈을 앞으로 빼낸다.

7

빼낸 고 사이로 끈의 끝을 끼운다.

8

잘 펴고 조여주면 나비날개매듭이 완성된다.

9

오른쪽 끈으로 두 번째 날개매듭 맺는 과정을 시작한다.

10

왼쪽 끈을 두 고를 통과시켜 오른쪽 고의 밑에서 위로 빼내고 다시 제자리로 보낸다.

11

오른쪽 끈을 오른쪽 고의 아래에서 위로 끼운 후

12

끝부분을 시계반대방향으로 비튼다.

13

비튼 고를 연결된 끈에 얹고 아래 있는 끈을 앞으로 빼준다.

14

빼낸 고 사이로 오른쪽 끈을 끼운다.

15

잘 펴고 조여 날개매듭 모양을 잡아준다.

16

국화매듭을 맺듯이 첫 번째, 세 번째 끈에 엮는다.
(108-109쪽 참고)

17

뒤집어서 두 고 중 아래쪽 고의 아래에서 위로 끈을 끼워서 두 번째, 네 번째 끈에 엮는다. (110쪽 참고)

18

몸판을 먼저 조이고 양쪽 날개를 차례로 조여 완성한다.

19

완성된 거꾸로나비매듭

23

수나비매듭

나비매듭과 엮는 방법은 같으나 조이는 방법이 다르다.
남자용 주머니매듭이나 노리개매듭에 많이 사용한다.

1

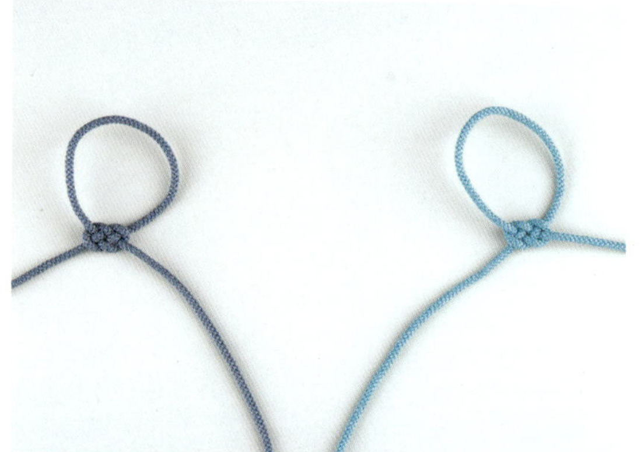

중심의 양쪽으로 10cm 되는 곳에 나비날개매듭을 맺는다.

2

왼손에 왼쪽 날개 고를 걸고 고를 하나 더 만든 다음 오른쪽 끈으로 큰 고를 만든다.

3

오른쪽 고를 왼쪽 두 고를 감고 왼쪽 끈은 두 고를 통과시켰다가 다시 제자리로 보낸다.

4

오른쪽 날개 고를 왼쪽 두 고에 걸고 다시 왼쪽 끈을 두 고 사이로 통과시킨 다음 오른쪽 고 위에서 밑으로 빼낸다.

5

다시 반복해서 왼쪽 끈을 고에 끼우는 모양

6

나비날개매듭의 1, 2 끈을 몸판에 붙여서 조인다.

7

나비날개매듭의 井자가 정확해야만 제 모양이 나온다.

8

나비날개매듭의 3, 4 끈은 크게 형태를 잡아준다.

9

수나비의 아래날개를 조여서 정리한다.

10

아래날개 끈을 조이며 오른쪽으로 끈을 돌려주면 끝이 돌아가는 모양이 된다. 오른쪽 아래날개는 왼쪽으로 돌려 모양을 잡아준다.

11

완성된 수나비매듭

24

칠보매듭

동·서양에서 모두 사용한 매듭으로 망사매듭이라고도 한다. 우리나라에서는 시골에서 꼴, 망태를 엮는 데 사용하였고, 유물로는 대자띠의 끝부분에 칠보매듭이 4-5단 맺어져 있는 것을 볼 수 있다.

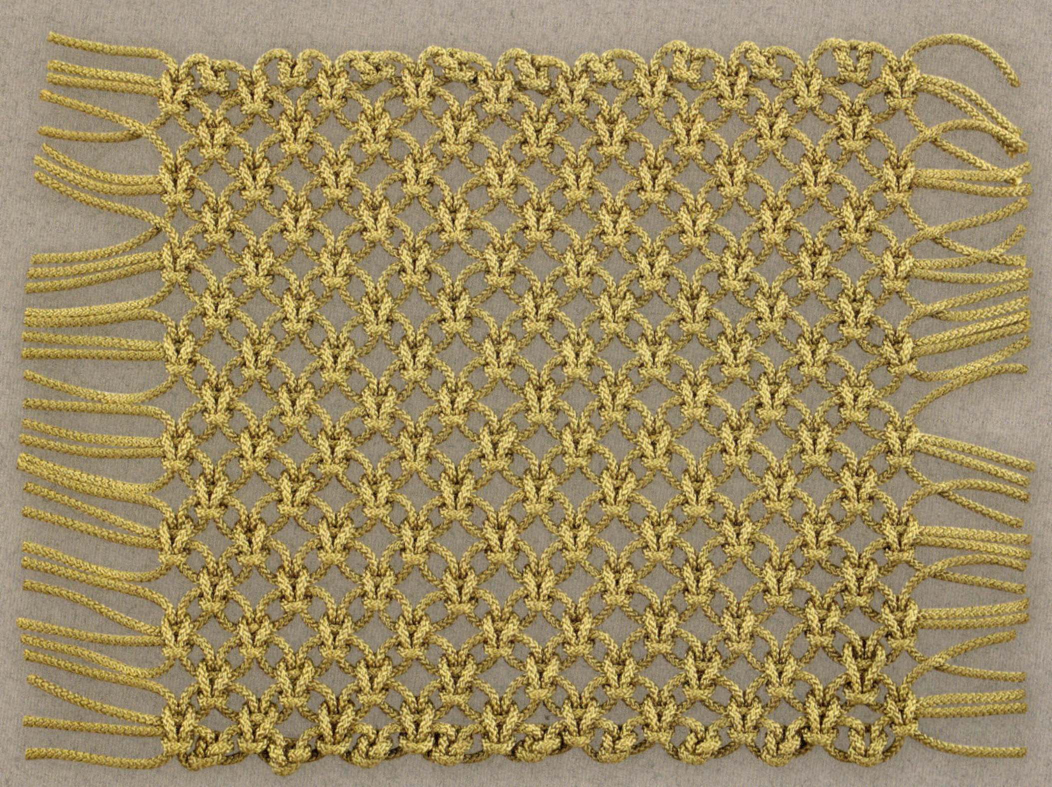

1

32가닥의 가는 끈을 준비한다. 네 가닥을 잡고 맨 오른쪽 가닥을 중심의 두 가닥 위에 올려놓는다.

2

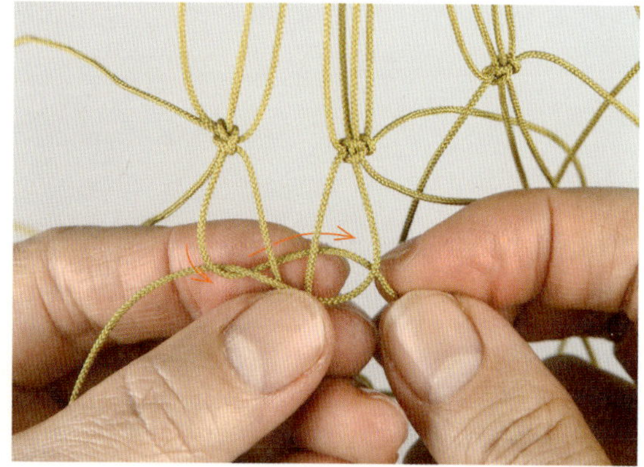

네 가닥 중 맨 왼쪽 가닥을 오른쪽 가닥 밑으로 넣어서 중심의 두 가닥 밑으로 놓는다.

3

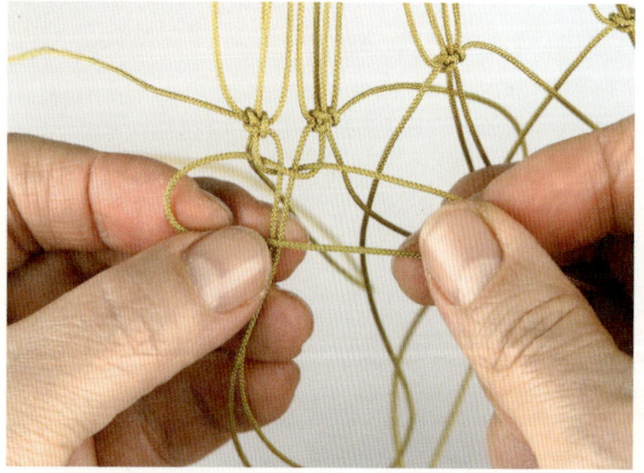

이번에는 왼쪽 가닥을 두 가닥 위에 놓고

4

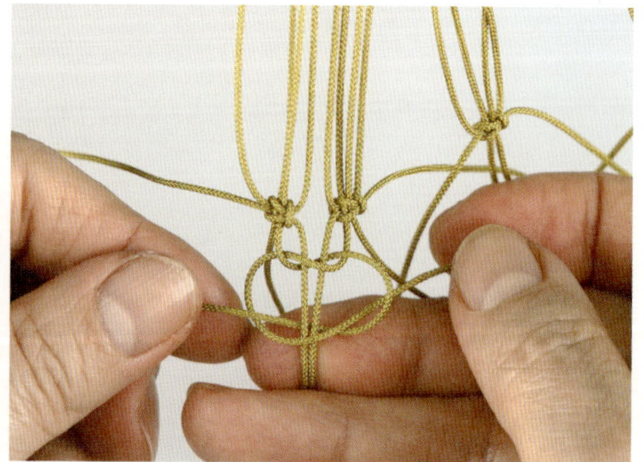

오른쪽 가닥을 왼쪽 가닥 밑으로 넣어서 중심의 두 가닥 밑으로 넣어서 위로 뺀다.

5

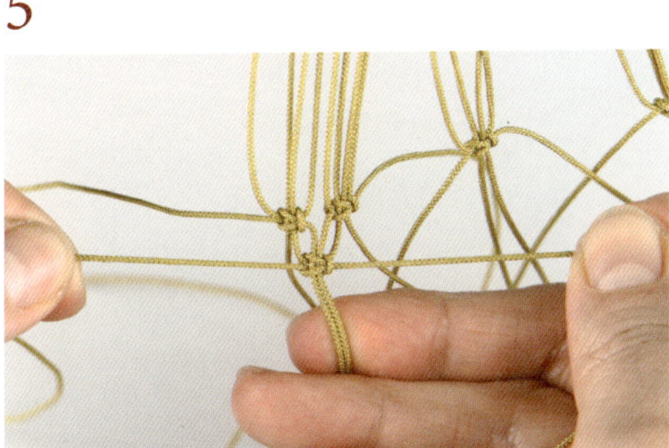

양쪽 끈을 살짝 잡아당기면 망사매듭이 된다.

6

다시 네 가닥으로 매듭을 시작한다.

7

같은 방법으로 망사매듭을 엮는다.

8

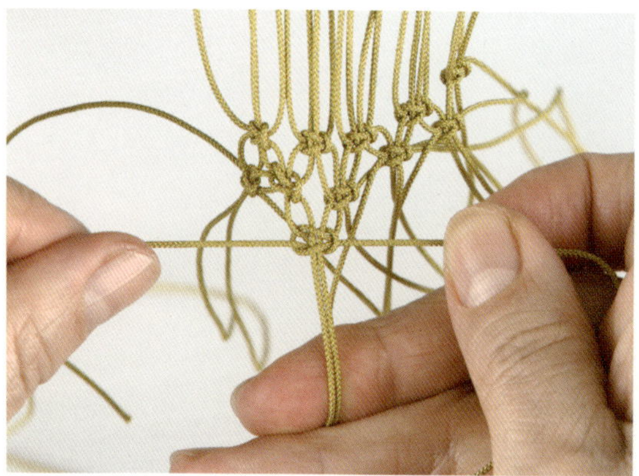

셋째 단을 조인 모양

9

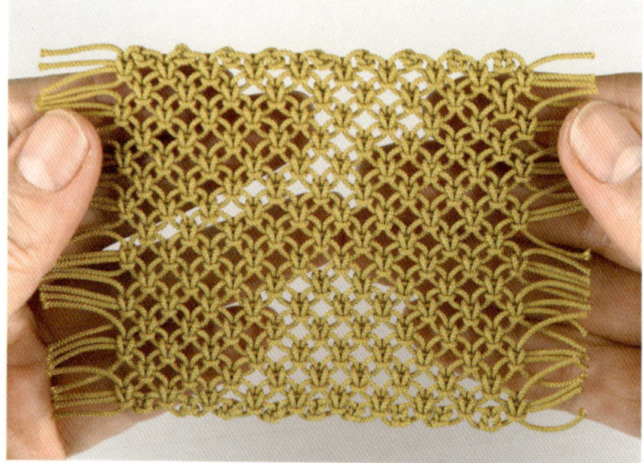

19단이 완성된 칠보매듭

25

전복술매듭

전복술매듭은 서양 매듭의 구성과 맺는 방법이 같다.
서양 매듭(마크라메)에도 같은 기법이 보여서 이 매듭은 동·서양의 매듭 중
하나이다. 한복의 허리끈을 엮어 만들 때 사용한다.

1

16가닥을 준비해서 네 가닥씩 잡고 엮는다.

2

두 번째 단은 끝의 두 가닥을 남기고 시작한다. 네 가닥 중 오른쪽 가닥을 잡고 세 가닥 위에 놓는다.

3

놓은 가닥을 세 가닥 밑으로 넣어서 오른쪽으로 보낸다.

4

왼손 엄지로 위로 밀면서 오른쪽 가닥을 잡아당긴다.

5

차례로 옆의 네 가닥을 잡는다. 오른쪽 가닥을 잡고 세 가닥 위로 놓는다.

6

밑으로 돌려

7

왼손 엄지로 위로 밀면서 잡아당긴다.

8

다음 네 가닥을 엮는다.

9

왼손 엄지로 위로 올려주면서 넷째 가닥을 잡아당긴다.

10

남은 두 가닥 중 오른쪽 가닥을 왼쪽 가닥 위로 놓고 같은 방법으로 엮는다. 한 단이 끝나면 다시 왼쪽부터 다음 단을 엮는다.

11

여러 가지 형태로 엮어 완성한 전복술매듭

26

난간매듭

두벌, 세벌, 네벌, 다섯벌감개매듭을 맺은 후 생쪽매듭을 옆으로 엮어서 난간을 두른 것처럼 맺는 매듭이다. 인로왕번이나 사색판매듭(4가지 색의 국화매듭 혹은 세벌감개매듭을 엮은 것)에 난간매듭을 맺기도 한다.

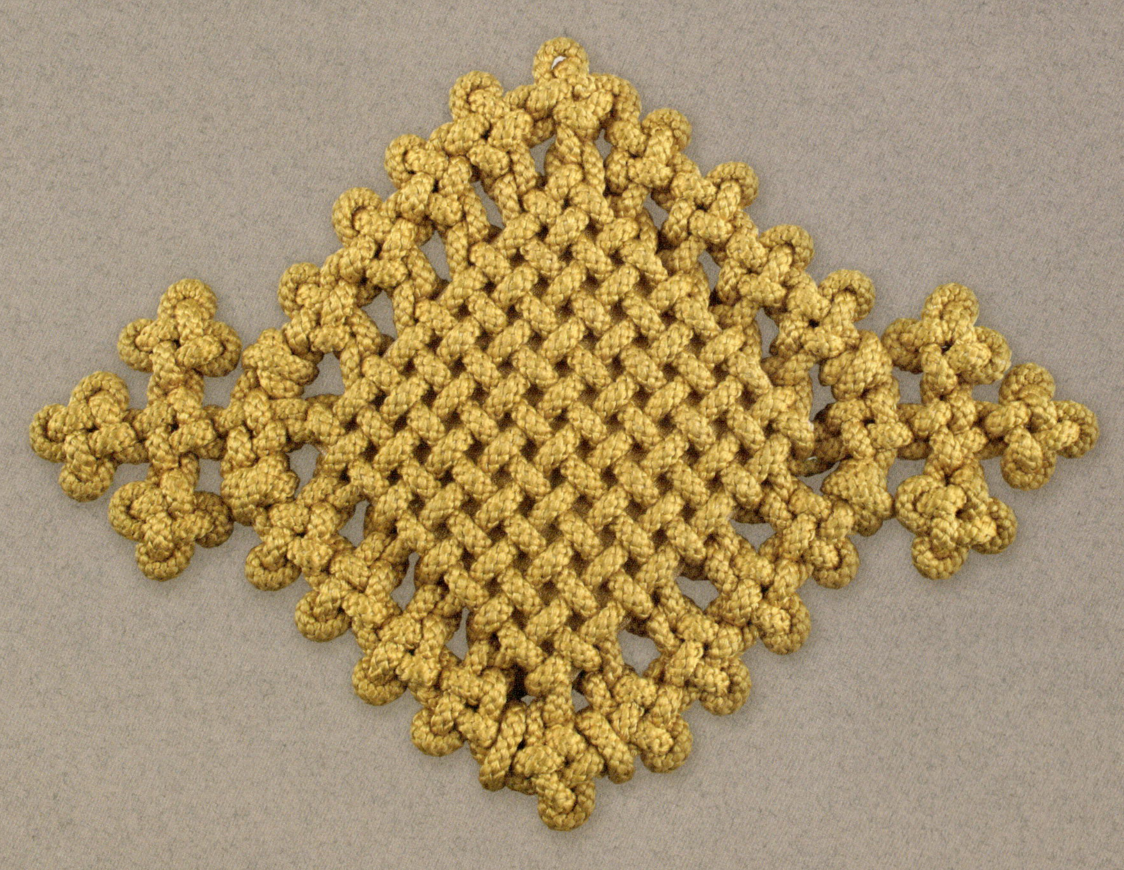

1

다섯벌감개매듭을 조인 후 시작한 고에 끈을 끼운다.

2

오른쪽 끈으로 고를 만들고 왼쪽 끈으로 감아서

3

생쪽매듭을 맺는다.

4

아래쪽 끈을 다섯벌감개매듭의 두 번째 고에 끼운다.

5

끼운 오른쪽 끈으로 고를 만들고 왼쪽 끈으로 감아서

6

두 번째 생쪽매듭을 맺는다.

7

같은 방법으로 계속해서 생쪽매듭을 맺고 양쪽에 벌매듭을 맺는다.

8

완성된 난간매듭

27

삼발창매듭 · 오발창매듭

날개매듭의 날개를 밑으로 길게 빼 다리를 3개 만들면 삼발창매듭, 5개 만들면 오발창매듭이라 하며 주머니끈 매듭으로 많이 사용하였다. 선을 유려하게 하기 위해 사진처럼 날개 양쪽에 도래매듭을 맺은 것이 학날개매듭이다.

1

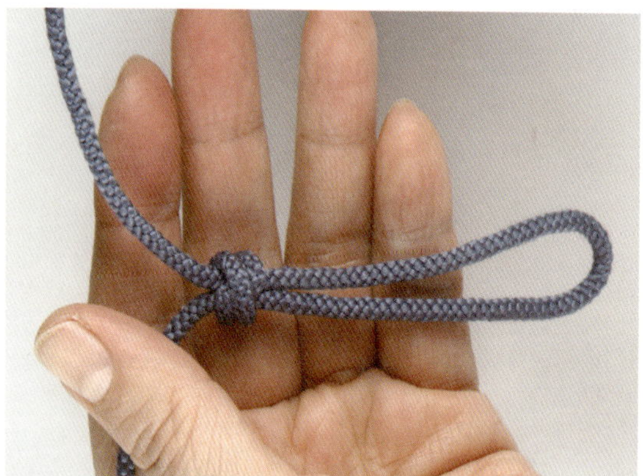

끈을 반으로 접어서 필요한 다리의 길이가 되는 위치에 도래매듭을 맺는다.

2

한쪽 끈을 엄지에 대고 한 바퀴 돌린다.

3

엄지를 빼고

4

고 사이로 끈을 뺀다.

5

도래매듭의 첫 번째 돌림처럼 긴 고의 윗부분이 아래로 오도록 반바퀴 돌려준다.

6

끈의 끝을 잡고

7

도래매듭의 두 번째 고를 맺는다.

8

두 고를 통과시키고 조여

9

도래매듭을 완성한다.

10

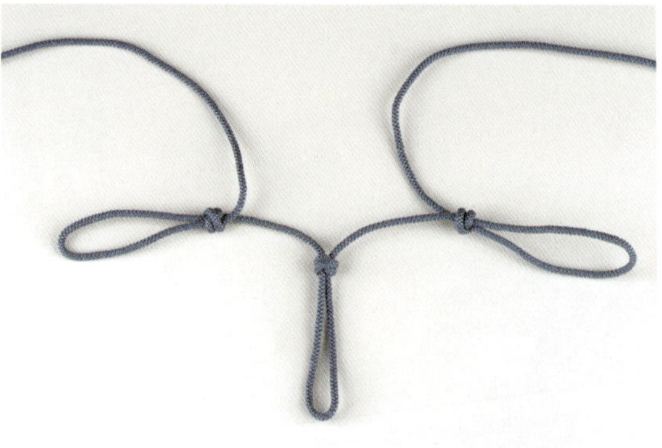

다른 쪽도 같은 길이가 되는 위치에 도래매듭을 맺어, 중심의 도래매듭 양쪽으로 도래매듭이 맺어진 모양을 만든다.

11

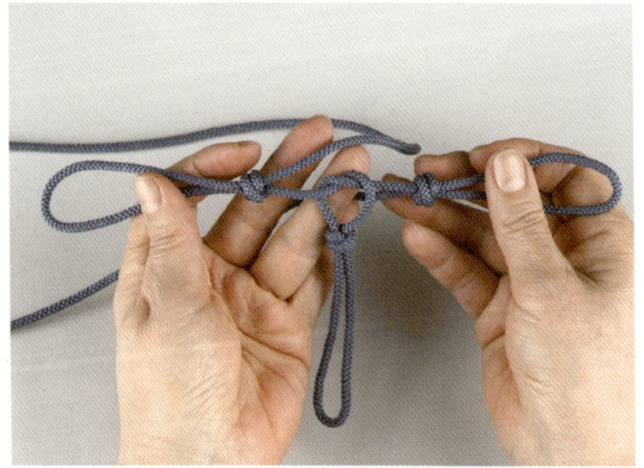

오른쪽 끈이 왼쪽 끈 위로 올라오게 해서 잠자리매듭처럼 한 번 맺어준 다음,

12

위의 끈은 위로, 아래의 끈은 아래로 놓는다.

13

위에 있는 끈은 끈이 교차되는 곳 오른쪽에 생긴 고 아래에서 위로 넣어 빼낸다.

14

아래에 있는 끈은 왼쪽에 생긴 고 위에서 아래로 넣어 빼낸다.

15

잠자리매듭의 몸통이 엮어진 모양

16

양쪽의 도래매듭을 옮겨서 잠자리매듭에 붙인다.

17

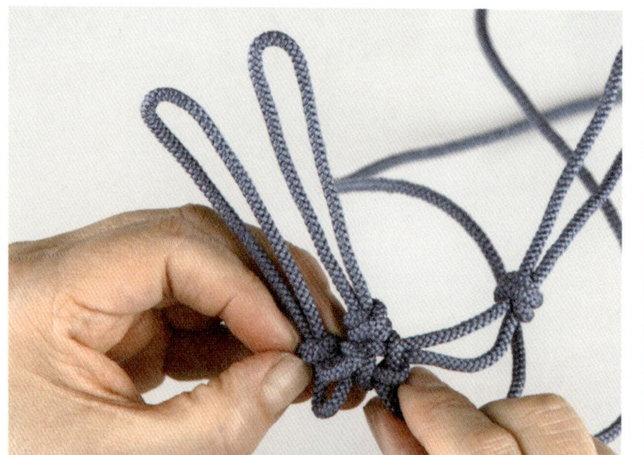

다리를 나란히 놓고 길이가 같게 맞춘다.

18

나머지 다리도 가운데로 옮겨준다.

19

끈이 지나는 방향을 잘 살피면서 3개의 다리를 일정한 길이로 가지런히 조인다.

20

세 다리가 같은 방향이 되게 조절하여 끈을 잘 고정시킨다.

21

완성된 삼발창매듭

11번 과정부터 한 번 더 해주면 오발창매듭이 된다.

· 매듭 활용하기 ·

매듭과 술의 기호

매듭과 술의 형태를 알아보기 쉽게 도식화한 것으로,
매듭 도안을 구상할 때 사용하면 편리하다.

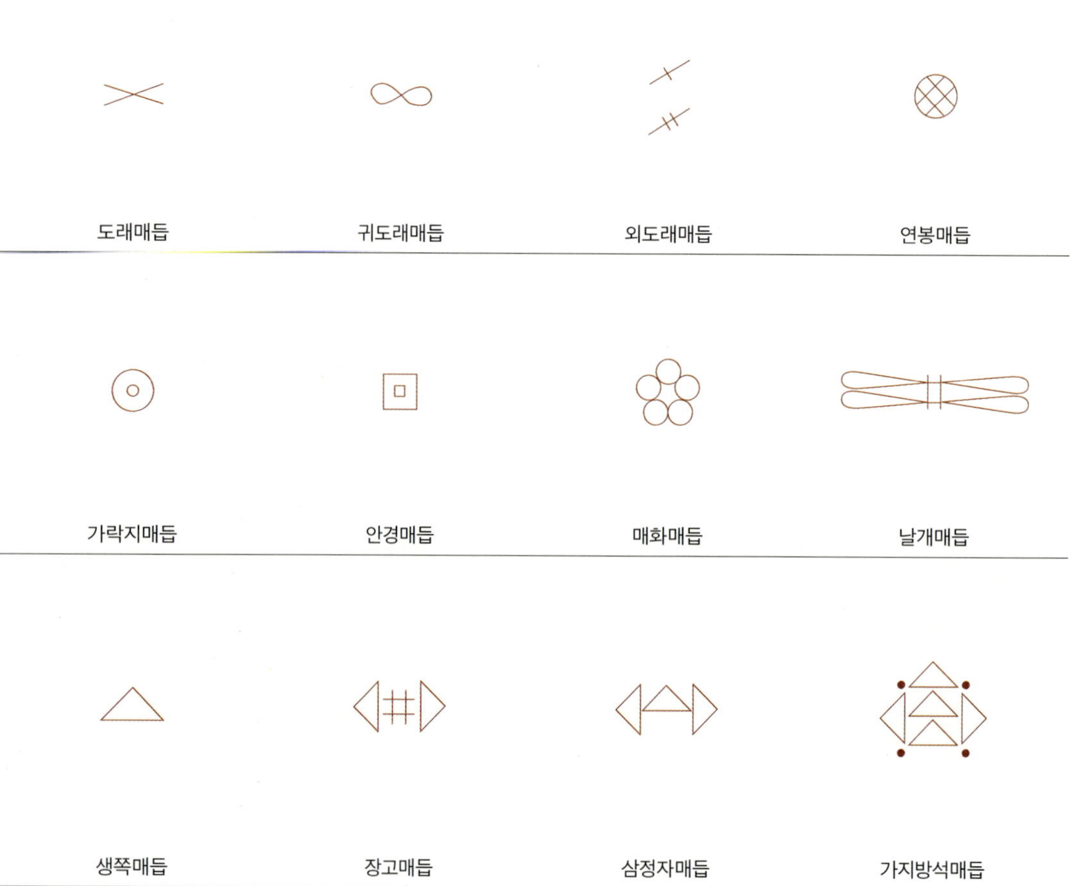

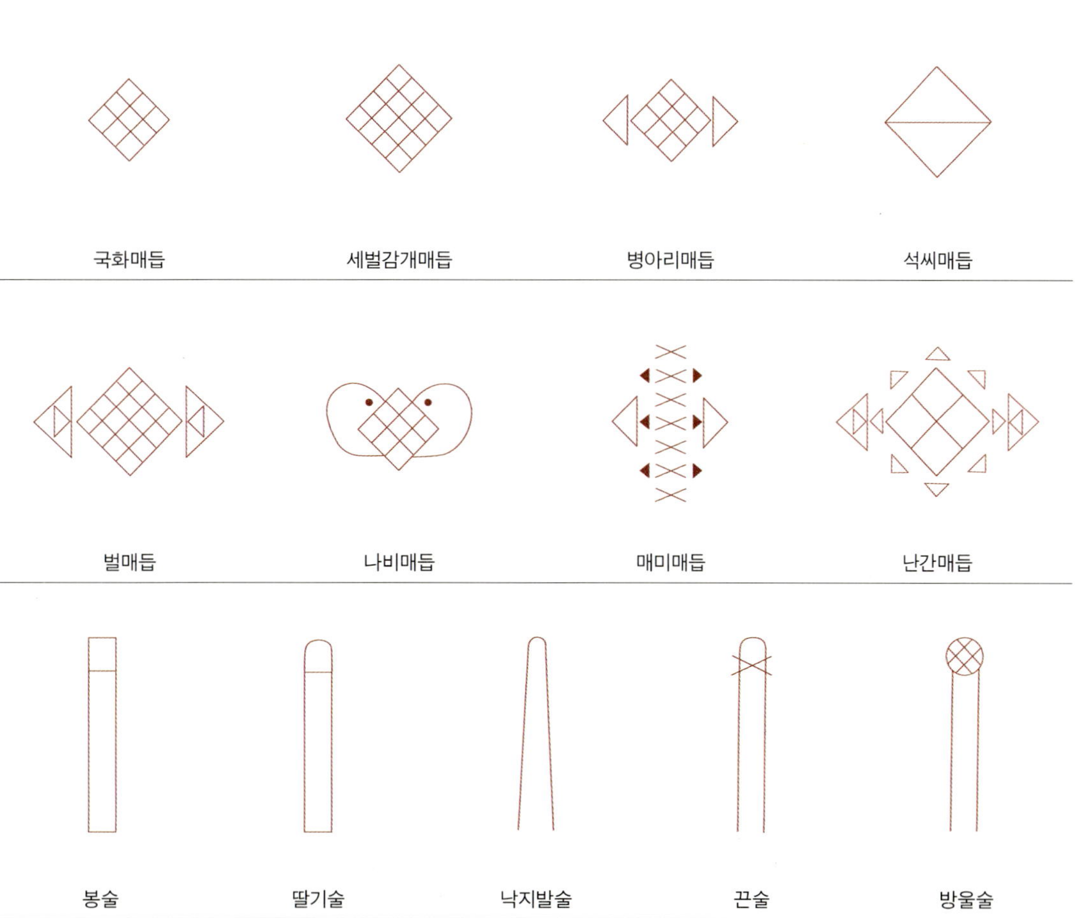
국화매듭
세벌감개매듭
병아리매듭
석씨매듭
벌매듭
나비매듭
매미매듭
난간매듭
봉술
딸기술
낙지발술
끈술
방울술

매듭 도안

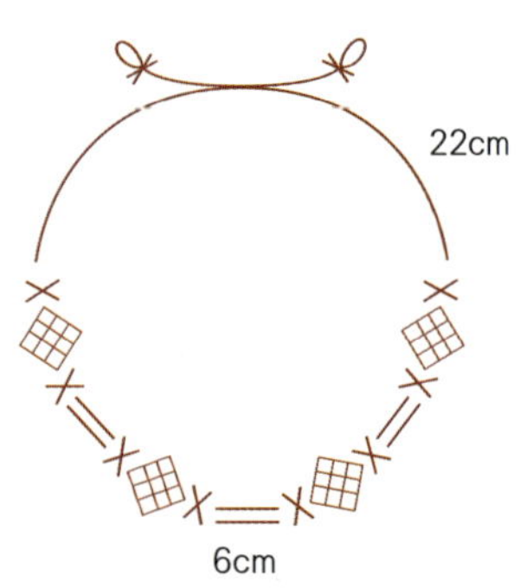

산호가지 국화매듭 목걸이
(완성 길이 50cm)
중세사 3m

안경매듭 브로치
중세사 1m 50cm

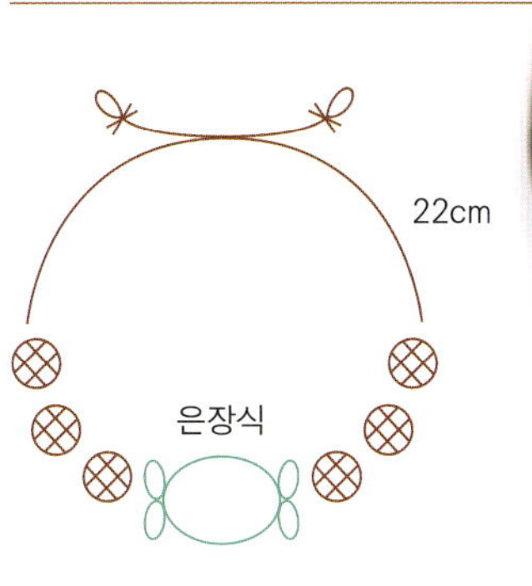

은장식 연봉매듭 목걸이
(완성 길이 50cm)
중세사 3m, 은장식

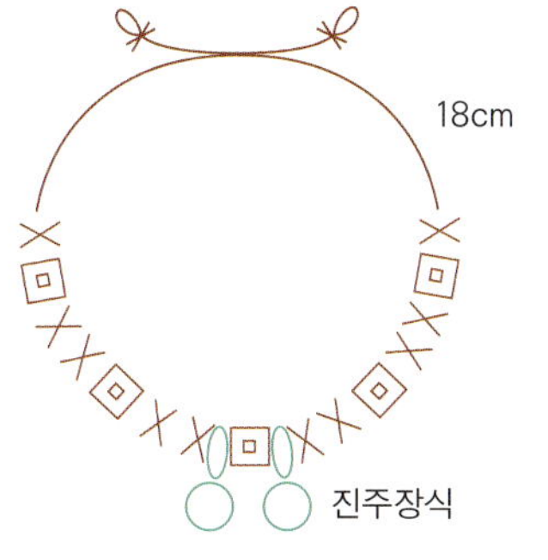

진주장식 안경매듭 목걸이
(완성 길이 50cm)
중세사 3m, 진주장식

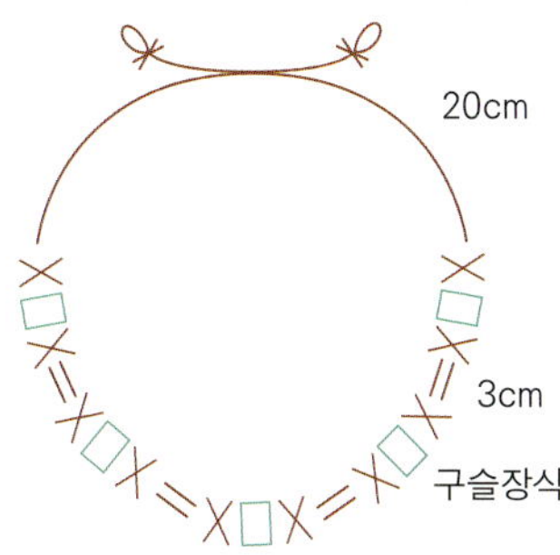

푸른 구슬 도래매듭 목걸이
(완성 길이 55cm)
세사 2m, 구슬장식

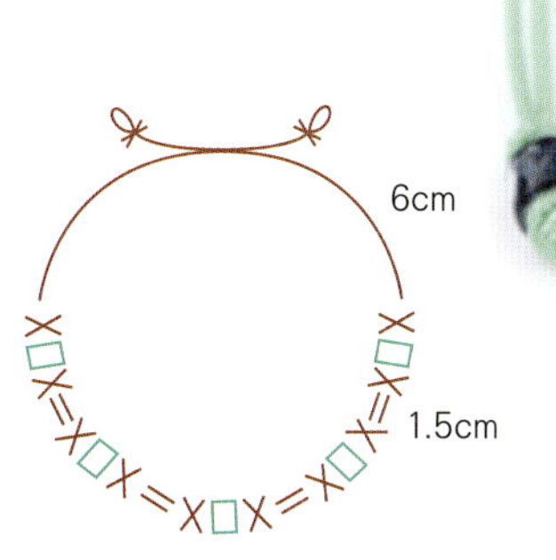

도래매듭 팔찌
(완성 길이 22cm)
세사 1m, 구슬장식

안경매듭 귀걸이
중세사 1m, 은장식

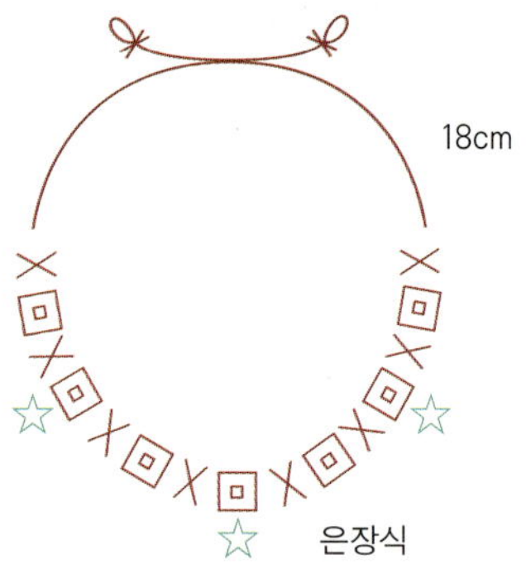

안경매듭 별목걸이
(완성 길이 50cm)
중세사 3m, 은장식

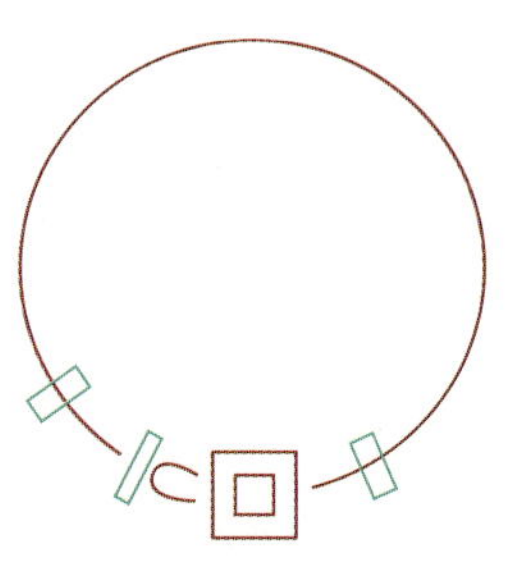

안경매듭 팔찌
(완성 길이 17cm)
12사 80cm, 8사 13cm

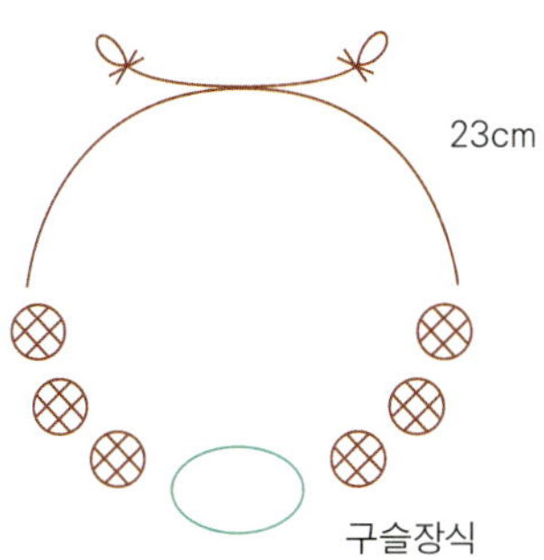

연봉매듭 목걸이
중세사(혹은 비단끈목) 2m 30cm,
구슬장식

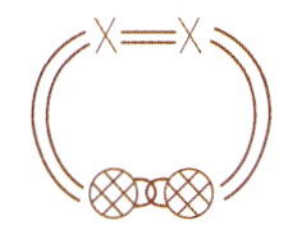

연봉매듭 반지
세사 35cm×2

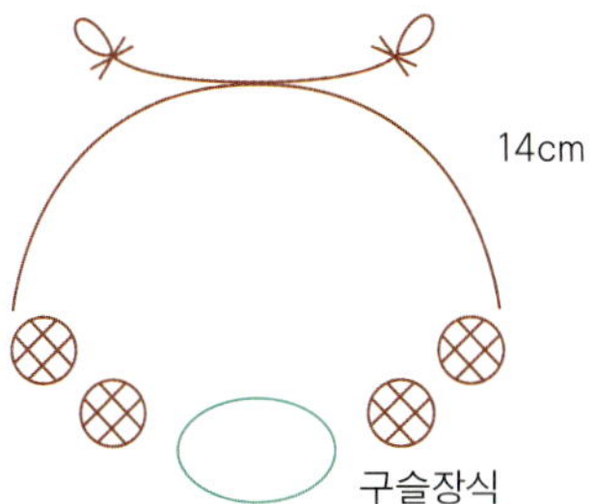

연봉매듭 팔찌
중세사 1m 50cm, 구슬장식

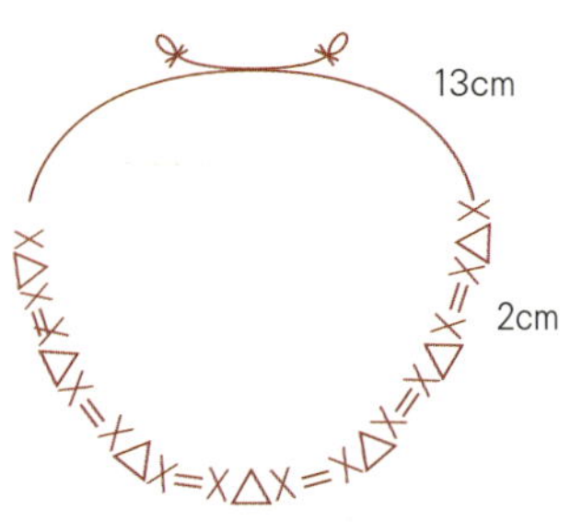

나비장식 생쪽매듭 목걸이
(완성 길이 50cm)
중세사 3m

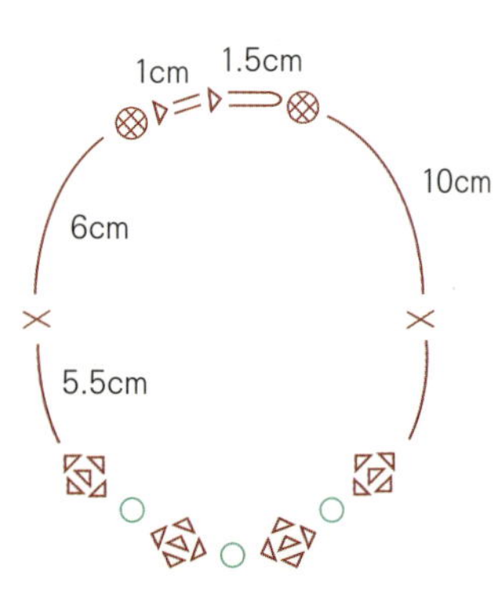

석씨매듭 목걸이와 귀걸이
(목걸이 완성 길이 46cm)
목걸이 - 중세사 3m
귀걸이 - 중세사 1m

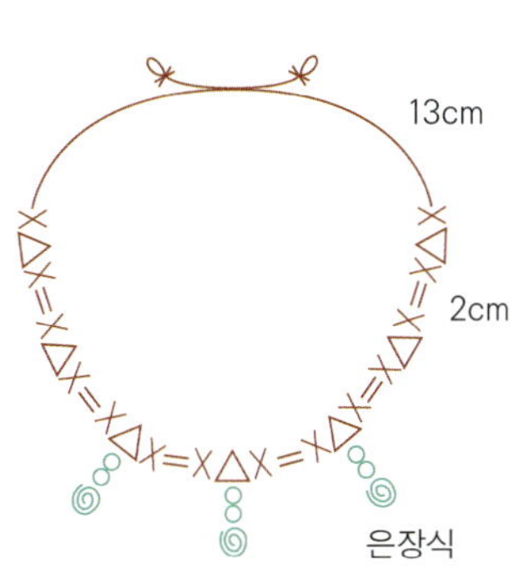

은달팽이 생쪽매듭 목걸이

(완성 길이 50cm)

중세사 3m, 은장식

생쪽매듭 브로치

세사 90cm×2

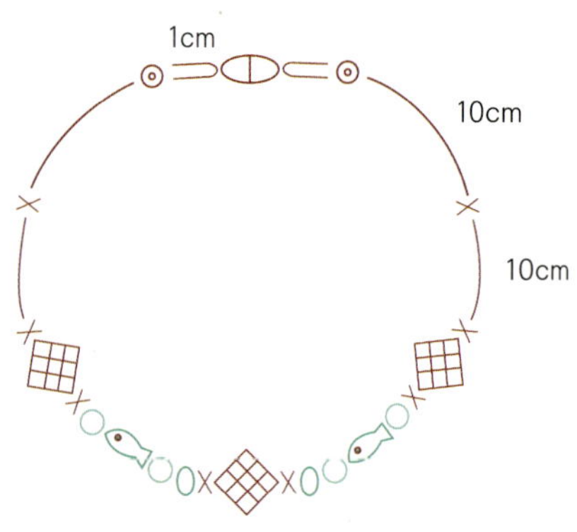

상아 물고기 국화변형매듭 목걸이
(완성 길이 61cm)
중세사 2m 50cm

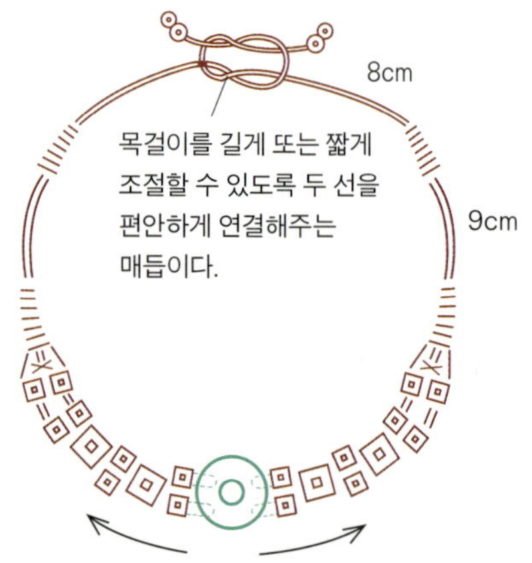

네줄 안경매듭 목걸이
(완성 길이 59cm)
중세사 6m, 은사 35cm×4

6m를 4가닥으로 나누고 그 중 2가닥으로 오른쪽을 먼저 시작한다. 2가닥을 각각 반 접어 1cm를 남기고 안경매듭을 똑같이 맺은 후, 나란히 놓고 양쪽 끈목은 두고 가운데 두 선으로 안경매듭을 맺는다(은실을 함께 엮어 맺고 조인다). 다시 4가닥을 사용하여 각기 안경매듭을 맺는다. 반복하여 은실을 넣고 안경매듭을 맺은 후 네 선 안경매듭을 2번 맺고 가운데 두 선으로 도래매듭을 맺고 네 선을 가지런히 하여 벼나실을 감는다(251쪽 참고). 왼쪽도 똑같은 방법으로 맺는다.

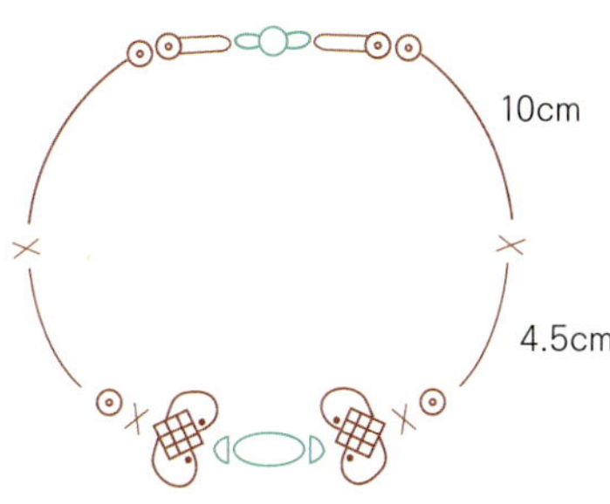

터키석 나비매듭 목걸이
(완성 길이 46cm)
중세사 3m, 은가락지 35cm×4

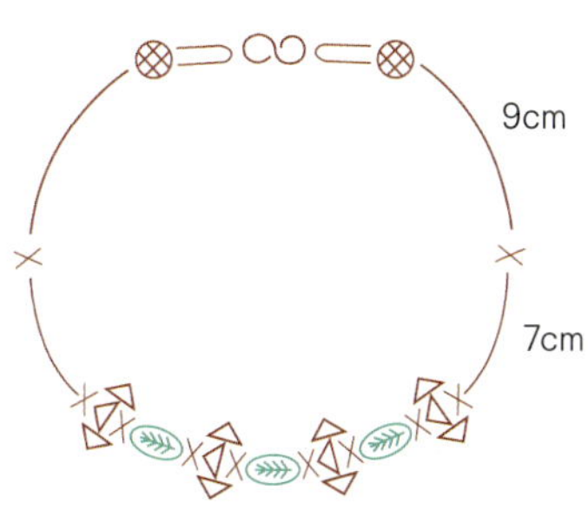

칼세도니 조각잎 삼정자매듭 목걸이
(완성 길이 50.5cm)
중세사 3m 20cm

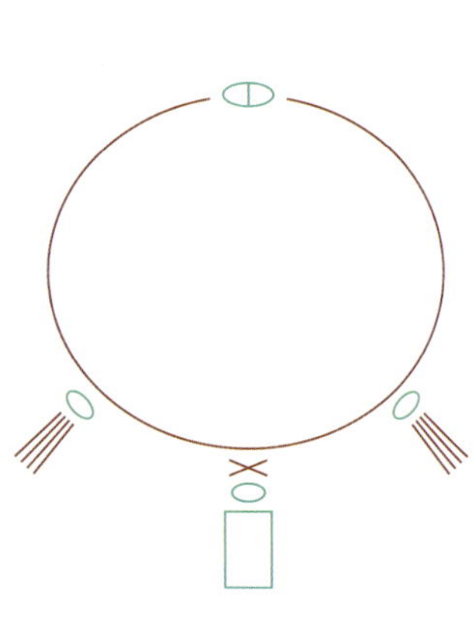

술장식 도래매듭 목걸이
(완성 길이 46cm)
12사 50cm

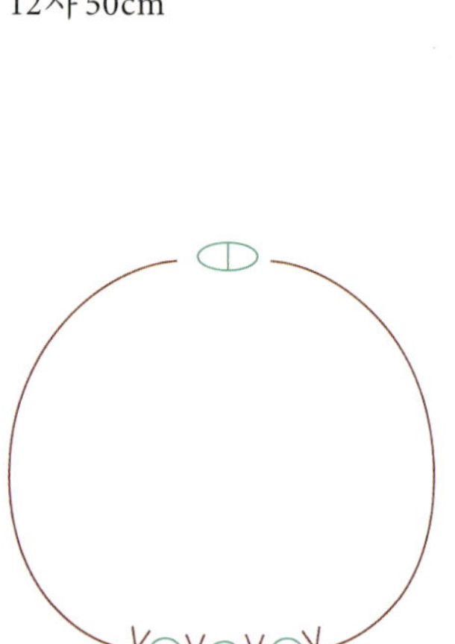

구슬장식 도래매듭목걸이
(완성 길이 50cm)
중세사 2m, 세사 2m, 구슬

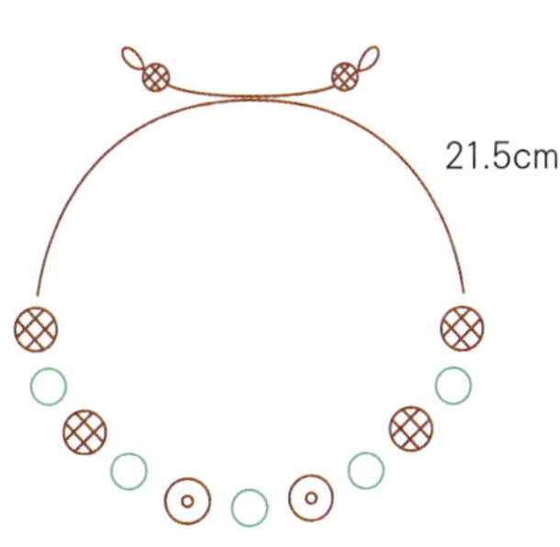

구슬 가락지 목걸이

(완성 길이 58cm)

중세사 1m 80cm, 가락지 50cm

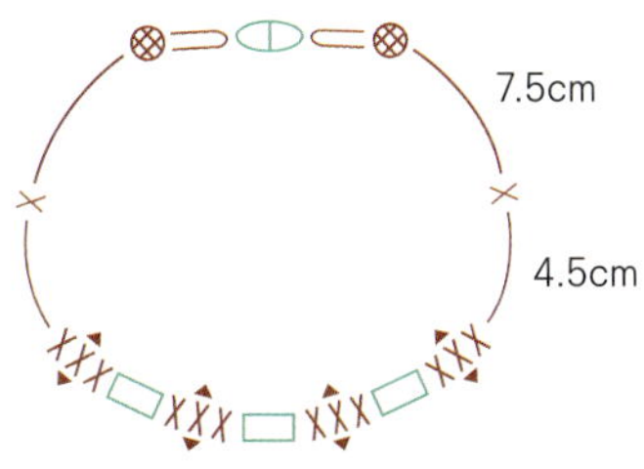

산호 꼰디기매듭 목걸이와 귀걸이

(완성 길이 40cm)

목걸이 - 중세사 2m 50cm

귀걸이 - 중세사 60cm×2

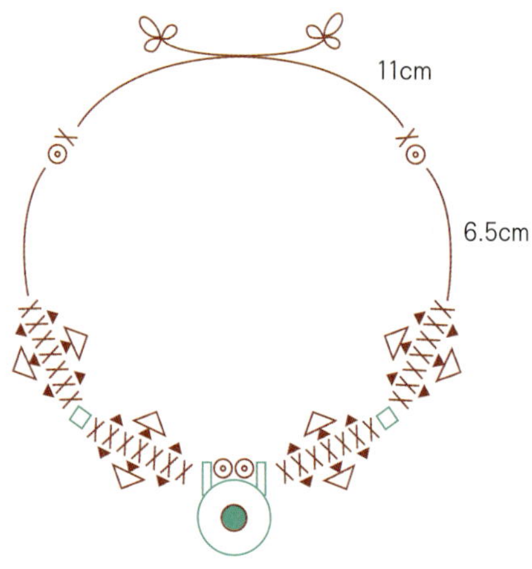

라피스 은장식 매미매듭 목걸이

(완성 길이 58cm)

중세사 4m 70cm

은사 가락지 25cm

남색 가락지 50cm

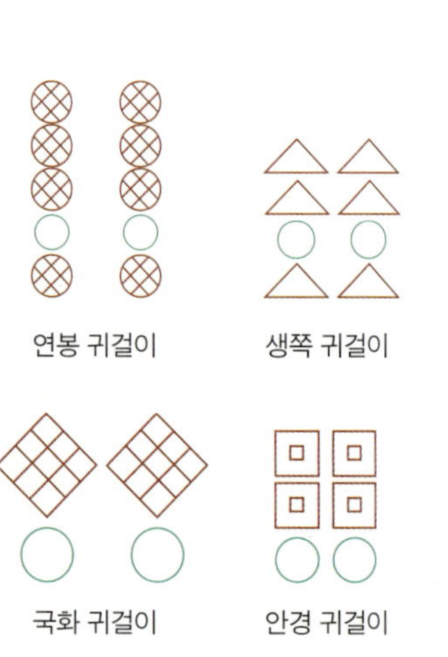

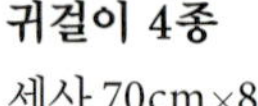

귀걸이 4종

세사 70cm×8

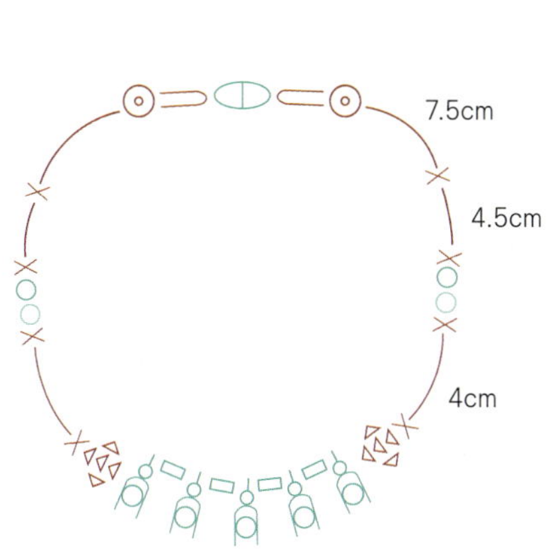

은장식 가지방석매듭 목걸이

(완성 길이 53.5cm)

중세사 2m 50cm

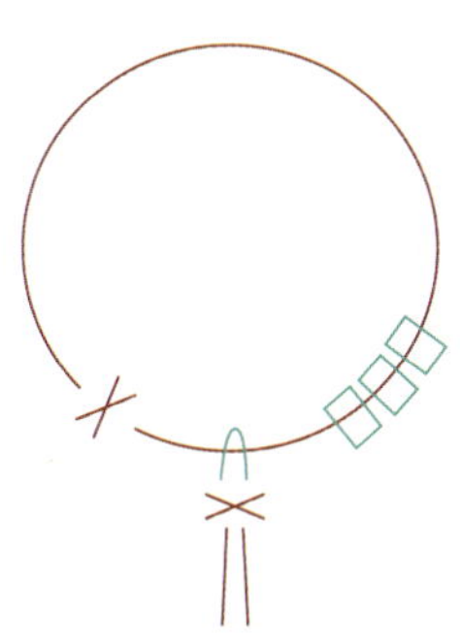

큐빅장식 도래매듭 머리끈

(완성 길이 20cm)

도래매듭 - 12사 20cm

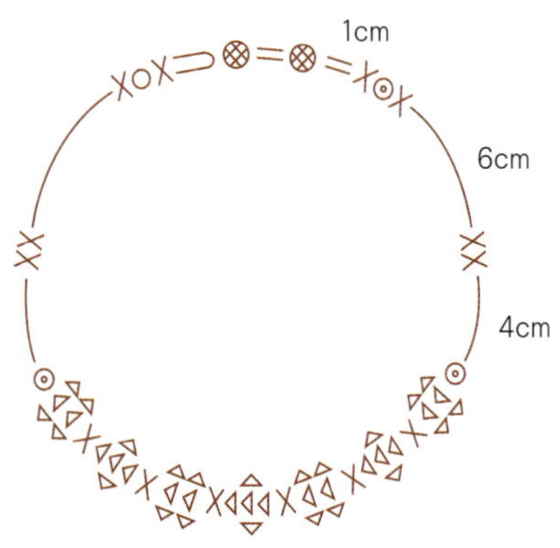

레이스 목걸이
중세사 5m 70cm,
금 가락지 34cm,
보라색 가락지 50cm

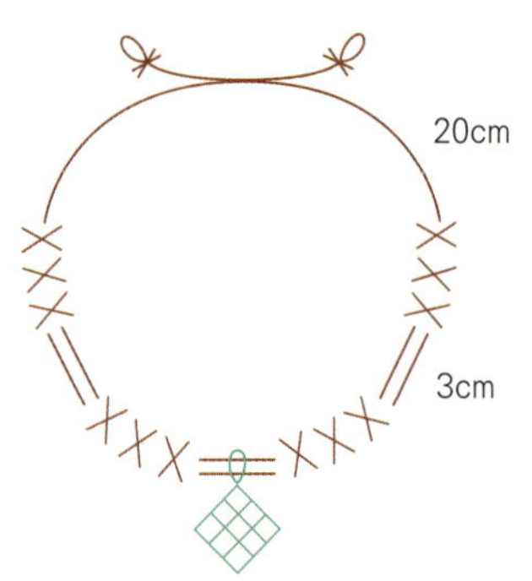

국화매듭 목걸이
(완성 길이 54cm)
검정 중세사 2m 50cm,
빨강 중세사 60cm

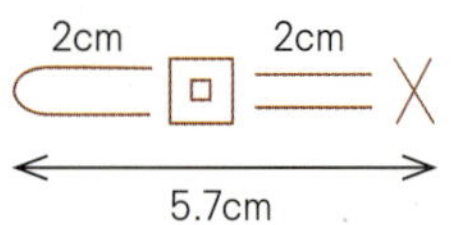

안경매듭 반지
중세사 60cm

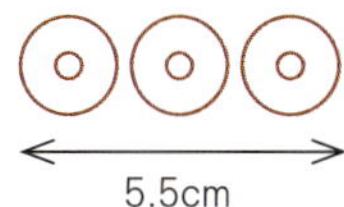

가락지매듭 머리핀
세사 60cm×3

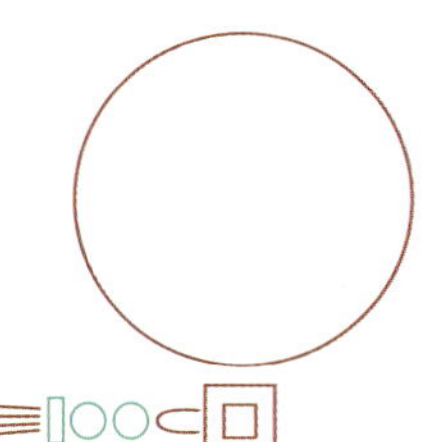

진주구슬 안경매듭 머리끈
(완성 길이 10cm)
12사 1m, 진주구슬

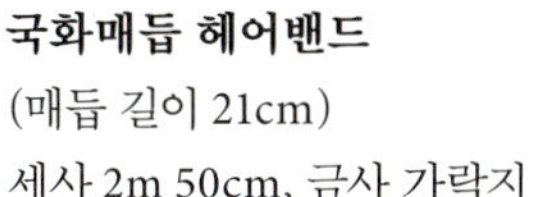

국화매듭 헤어밴드
(매듭 길이 21cm)
세사 2m 50cm, 금사 가락지

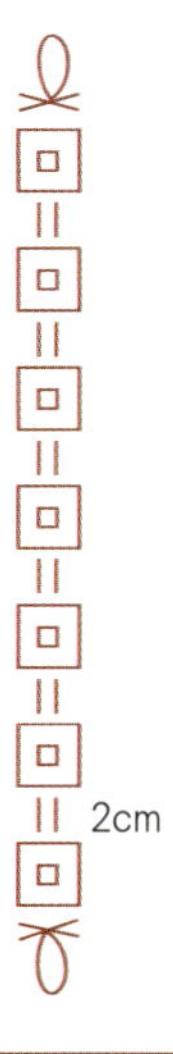

안경매듭 헤어밴드
(매듭 길이 21cm)
세사 2m 50cm

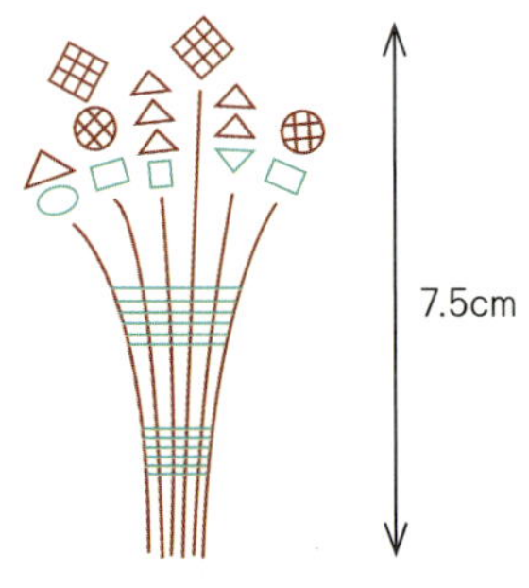

브로치(완성 길이 7.5cm)
국화매듭 - 중세사 70cm×2
생쪽매듭 - 중세사 40cm×3,
세사 35cm×3
연봉매듭 - 30cm×2,
은색 엮음끈 - 28cm

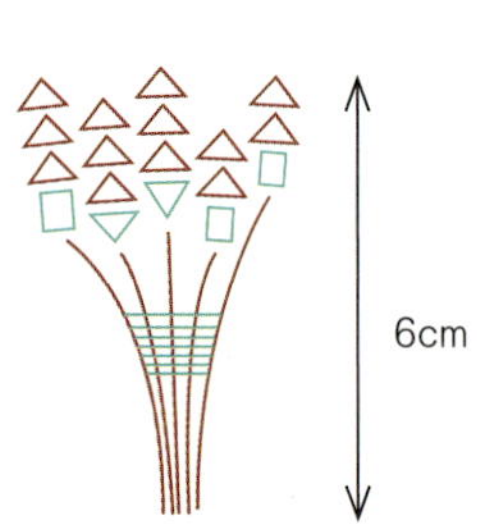

브로치(완성 길이 6cm)
생쪽매듭 - 세사 40cm×5,
세사 35cm×3, 세사 30cm×5
남색 엮음끈 - 15cm

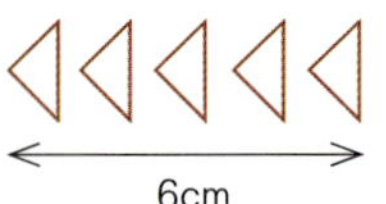

생쪽매듭 브로치
세사 80cm×2

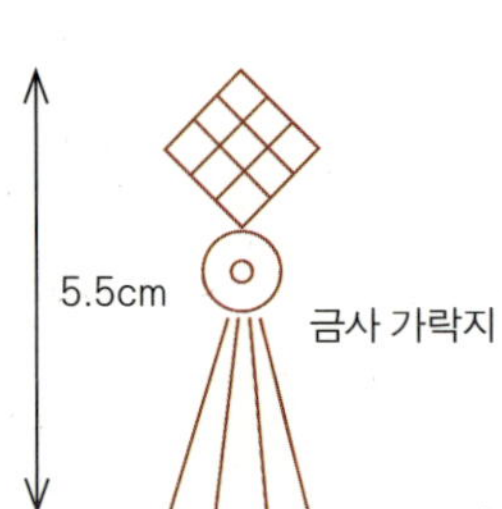

국화매듭 브로치
(완성 길이 5.5cm)
중세사 70cm

매듭 끈목 속의 무명실을 잘라주고 실을 김을 쏘여 펴 주면 실술이 가지런히 된다.

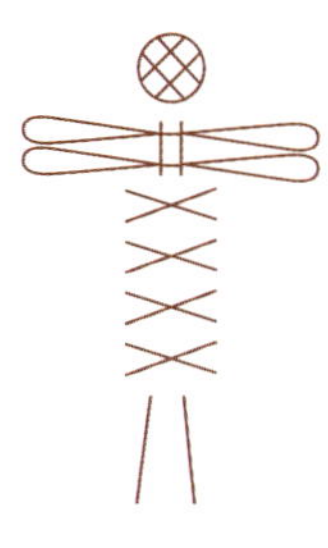

잠자리매듭 브로치

중세사 1m 20cm

매듭 염주

중세사 6m, 초록 가락지 50cm

딸기술 길이 12cm, 금파구슬 2개

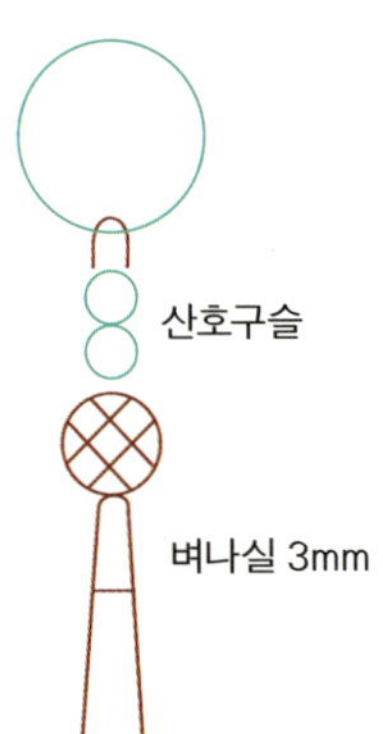

와인잔 매듭걸이

12사, 산호구슬, 벼나실
(벼나실 엮는 방법 251쪽 참고,
사용 모습 261쪽 참고)

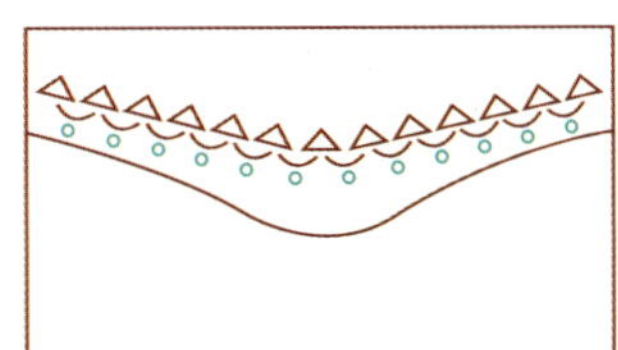

누비백 매듭장식

생쪽매듭(13개) - 중세사 2m
나비매듭 - 중세사 1m 50cm

안경집

(안경집 크기 6.5×16cm)

생쪽매듭 - 중세사 1m

안경걸이

(완성 길이 56cm)

12사 광다회 2m 50cm,

구슬장식, 금사 가락지

매듭의 활용

넥타이 목걸이와 귀걸이 세트

목걸이

재료 12사 광다회 2m, 가락지용 끈목(지름 1cm) 40cm

만드는 방법

1 · 끈목 2m를 반으로 곱접어 안경매듭을 맺고 간격을 띄어 다시 안경매듭을 맺고 다른 색으로 맺어둔 가락지매듭을 끼운다.

2 · 간격을 띄어 안경매듭을 한 번 더 맺고 가락지매듭을 끼운 뒤 연봉매듭을 맺는다.

귀걸이

재료 12사 광다회 5m, 가락지용 끈목(지름 1cm) 40cm

만드는 방법

1 · 50cm의 끈을 반으로 갈라서 각각 곱접어 연봉매듭을 맺고 가락지매듭을 끼운다.

2 · 귀걸이 장식에 끈목 한쪽을 끼워서 다른 한쪽과 바늘로 꿰맨 후 그 자리에 가락지매듭을 옮기고 풀로 고정시켜서 마무리한다.

비취환 목걸이

재료 끈목(지름 1.5mm) 2m 50cm, 가락지용 끈목(지름 1cm) 40cm

만드는 방법

1 · 끈목 1m에 먼저 비취환 장식을 끼워 중간으로 가게 한 후 도래매듭을 맺는다.

2 · 가지방석매듭, 목걸이 장식, 가지방석매듭 순으로 맺고 다른 색으로 맺어둔 가락지매듭을 끼운다.

3 · 생쪽매듭, 도래매듭을 맺고 10cm 떨어진 곳에 도래, 생쪽, 도래매듭 순으로 맺는다.

4 · 비취환 장식 반대편에 나머지 끈목 1m를 끼워 같은 방법으로 맺는다.

5 · 양 끝은 도래매듭을 두 번 맺어 마무리한다.

끈술 노리개

재료 끈목(지름 2mm) 8m, 금사(지름 1mm) 1m

만드는 방법

1· 끈목을 2m 20cm 끊어서 중심을 곱접어 5cm 남긴 후 매미매듭을 맺고 다른색 가락지매듭을 끼운 뒤 향집을 연결한다. 다시 다른색 가락지매듭을 끼우고 도래, 삼정자, 도래매듭 세 번을 맺어놓는다.

2· 나머지 끈으로 43cm씩 12가닥을 끊고 6가닥씩 가지런히 반으로 곱접어 움직이지 않게 고정시켜 끈술을 만든다.

3· 맺어둔 매듭 아래로 내려온 끈목 한 가닥을 먼저 끈술 뒤로 돌리고 앞으로 보낸다. 앞쪽은 도래 모양으로 뒤쪽은 두 줄이 나란히 되도록 한 후 먼저 엮은 고의 위에서 아래로 끼우고 단단히 조여준다.

4· 다른 한 가닥도 같은 방법으로 붙여 양쪽을 가지런하게 정리한다.

5· 나머지 60cm 끈목을 곱접어 가지방석, 도래매듭을 맺고 중간 쯤에 도래매듭을 한 번 더 맺는다. 가락지매듭을 끼운 뒤 그 끝을 끈술이 고정된 바로 아래에 바늘로 꿰매어 고정시키고 꿰맨 부분으로 가락지매듭을 옮긴다.

6· 술 끝부분의 속심을 3cm 정도 빼서 잘라낸 후 이 부분의 겉실이 풀리지 않게 단단히 잡아 맨다.

7· 끈술 끝에서 3.8cm 위치에 가는 금사로 2.5mm씩 감아준다.

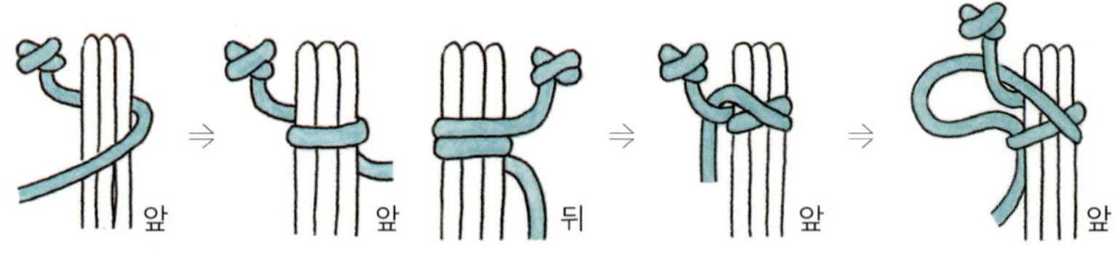

끈술 엮는 방법

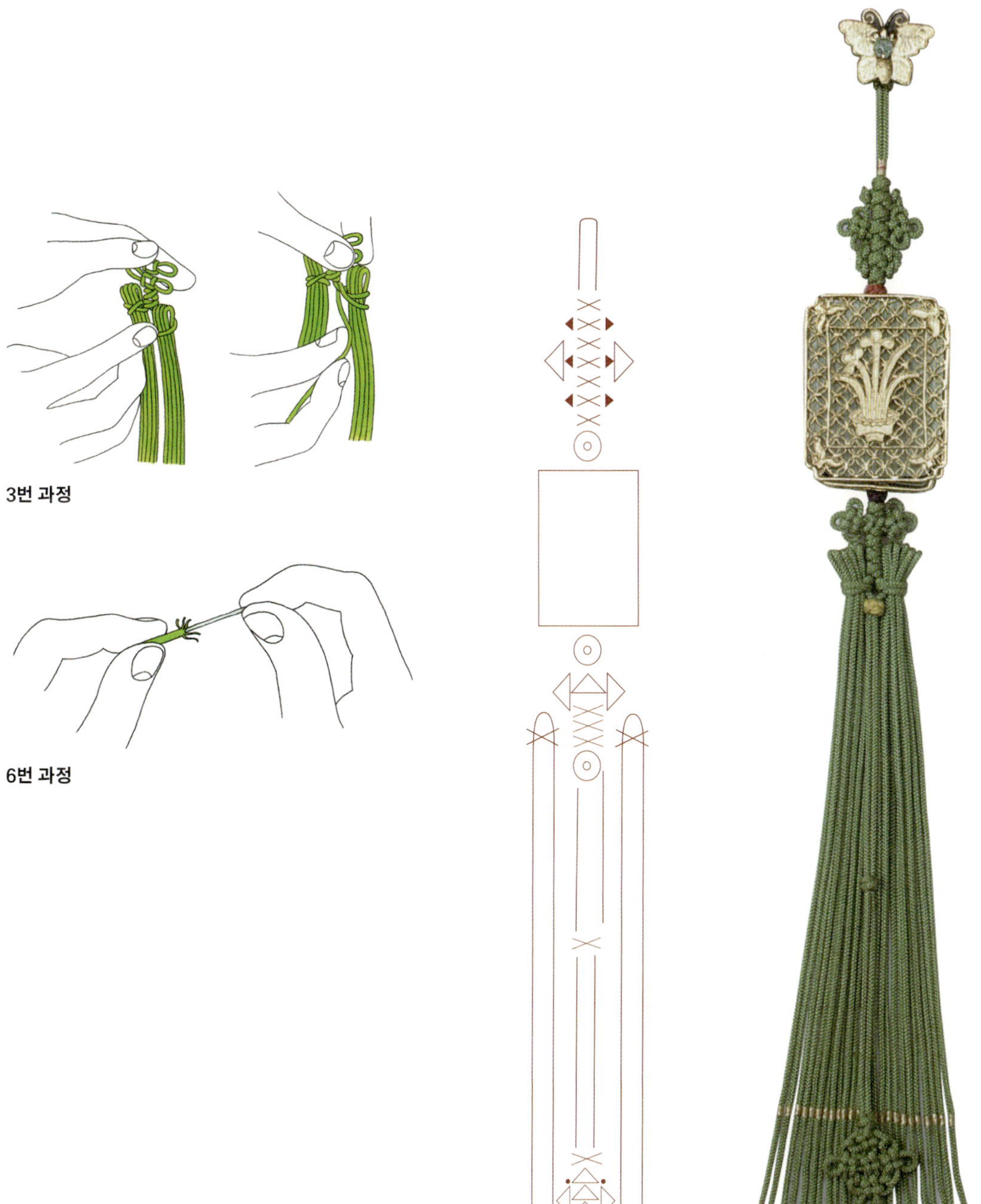

3번 과정

6번 과정

끈술 노리개 도안

발걸이

재료 금속으로 만든 발걸이 1쌍,
매듭용 끈목(지름 4mm) 18m 20cm(매듭 11m, 끈술 7m 20cm),
가락지용 끈목(지름 1mm) 1m 50cm

만드는 방법

1 · 5m 50cm로 두 줄, 3m 60cm로 두 줄을 준비한다.

2 · 5m 50cm를 반으로 접어 15.5cm를 남기고 도래, 생쪽, 도래매듭을 맺고 가락지매듭을 끼운 다음, 병아리매듭을 맺는다.

3 · 병아리매듭의 양쪽에도 가락지매듭을 끼운다.

4 · 도래, 생쪽, 도래매듭을 맺은 후 발걸이 장식의 구멍에 뒤에서 앞으로 끈목을 끼우고 도래, 나비, 도래, 생쪽, 도래매듭을 맺는다.

5 · 6cm 간격을 두고 국화매듭을 맺고 다시 6cm 간격을 두고 도래매듭을 맺은 다음 60cm로 자른 끈술을 엮은 후 가락지, 도래매듭을 맺는다.

발걸이 매듭 도안

선추

재료 구슬, 세세사(지름 1mm) 1m, 12사 광다회 40cm

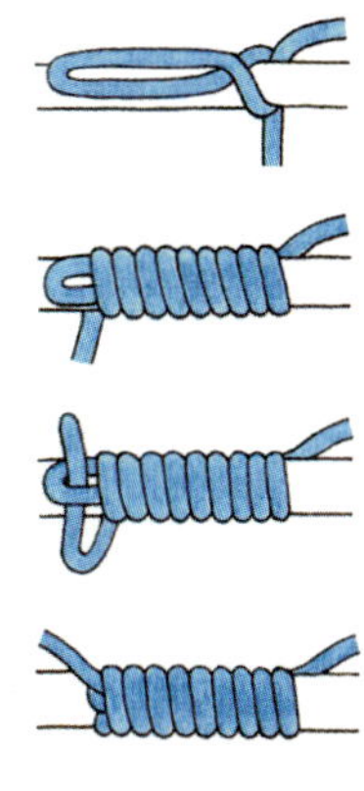

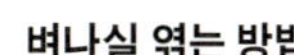
벼나실 엮는 방법

만드는 방법

1 · 매듭 부분을 맺을 끈목을 곱접어 9cm 간격을 두고 4cm 길이의 동심결 매듭을 맺는다.

2 · 15cm 간격을 두고 구슬을 끼운 다음 12사 광다회로 연봉매듭을 맺고, 연봉의 중심에 동심결매듭을 맺은 끝을 넣고 마무리를 해준다.

3 · 연봉매듭 밑과 양쪽 끝부분을 보색이 되는 색실로 벼나실을 감아 완성한다.

4 · 합죽선은 세세사가 1m 들지만 핸드폰 장식은 적게 든다.

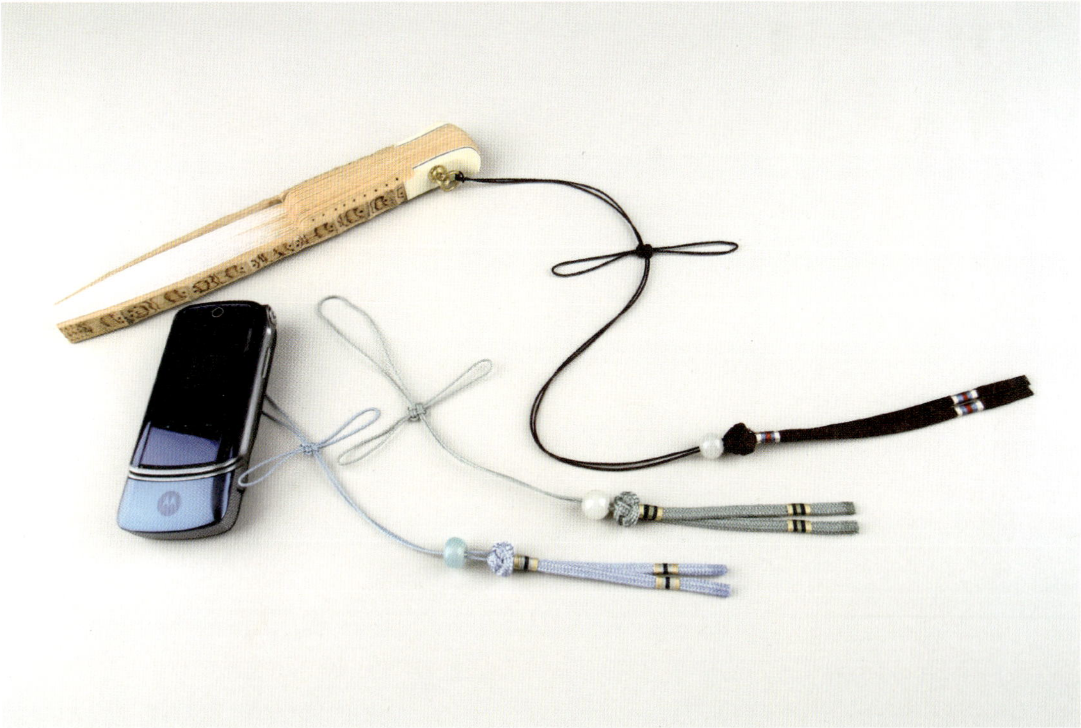

염낭

재료 겉감(양단 또는 숙고사) 20×10cm 2장,
안감(옥양목) 20×10cm 2장, 끈목(지름 2mm) 3m 50cm

만드는 방법

1· 겉감과 안감에 본을 대고 그린 후 5mm의 시접을 남기고 자른다.

2· 준비된 겉감과 안감 중 한 쌍은 직선 쪽으로 박고 나머지 한 쌍은 가운데에 창을 내고 박은 후 시접을 가른다.

3· 만들어놓은 2장을 시접이 밖으로 보이게 맞대고 홈질로 시쳐놓는다.

4· 입술 금을 접어 겉감 2겹과 안감 2겹이 정확히 맞닿게 합쳐 박음질을 한다.

5· 시접의 원형 선은 곡선 부분에 약간 가위집을 내어 스팀다리미로 눌러준다.

6· 창 낸 부분으로 두 번 뒤집은 후 창구멍을 마무리한다.

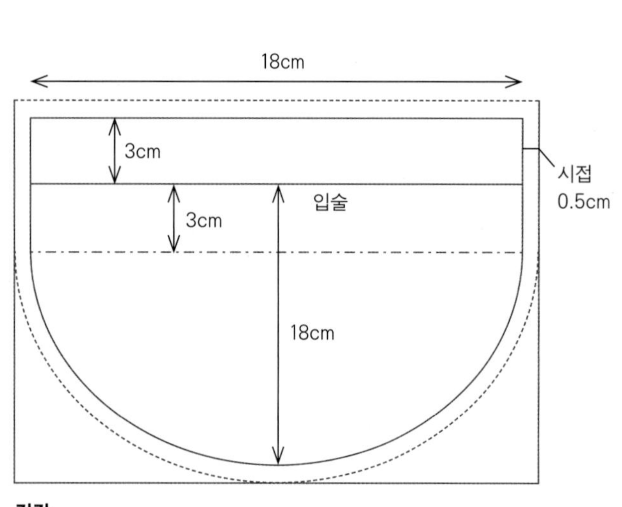

겉감

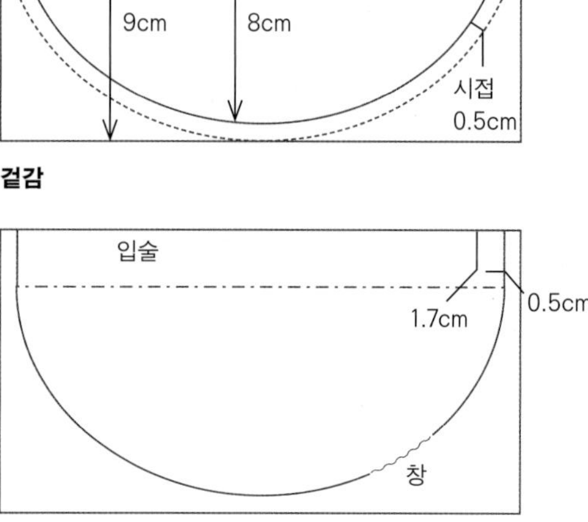

안단

끈목 맺기

1 · 끈목을 둘로 나눈다.

2 · 1m 75cm를 반으로 접어 가지방석, 금색가락지, 가지방석, 도래, 생쪽, 도래매듭을 맺는다.

끈 끼우기

1 · 완성된 염낭의 윗부분에 1cm 간격으로 표시하고 주름을 잡아 고정시킨다.

2 · 입술 부분에서 1.5cm 내려오고 양 옆 5mm 되는 위치부터 1cm 간격으로 구멍을 뚫는다.

3 · 송곳으로 구멍을 넓힌 후 굵은 바늘에 매듭을 맺은 끈목을 끼워 구멍에 엮는다.

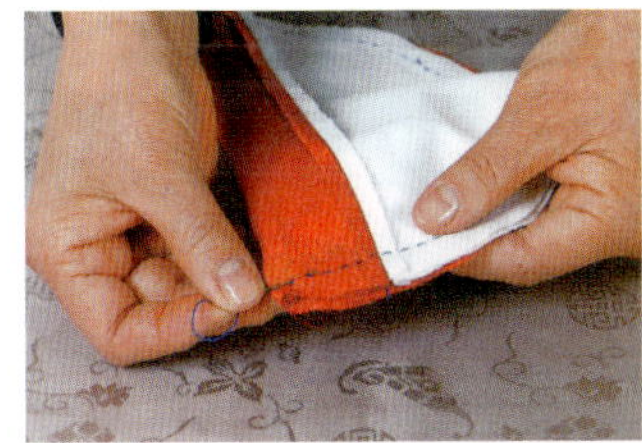
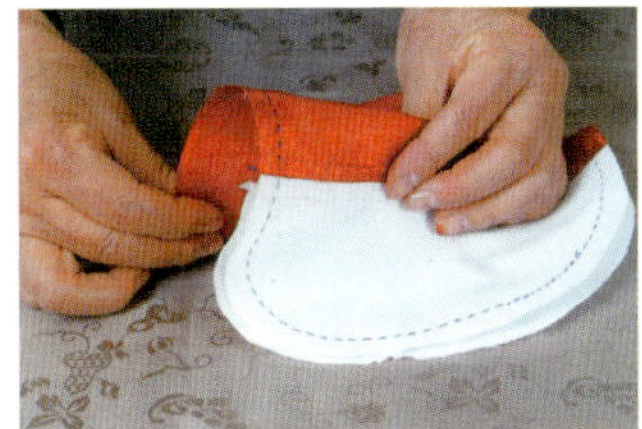

매듭장식 찻주전자 덮개

재료 겉감(양단) 28cm×23cm 2장, 안감(옥양목) 28cm×23cm 2장, 솜(퀼트용) 28cm×23cm 2장

만드는 방법

1 · 겉감과 안감에 본을 그린다.

2 · 겉감과 안감을 맞붙여 솜을 사이에 두고 박음질한 뒤 0.5cm 시접을 남기고 자른다.

3 · 창 부분으로 뒤집은 후 창구멍을 공그르기로 마무리한다.

4 · 만들어놓은 2장을 위트임 부분을 남기고 공그르기로 붙여준다.

5 · 양쪽 모서리를 접어서 트임 옆에 붙인다.

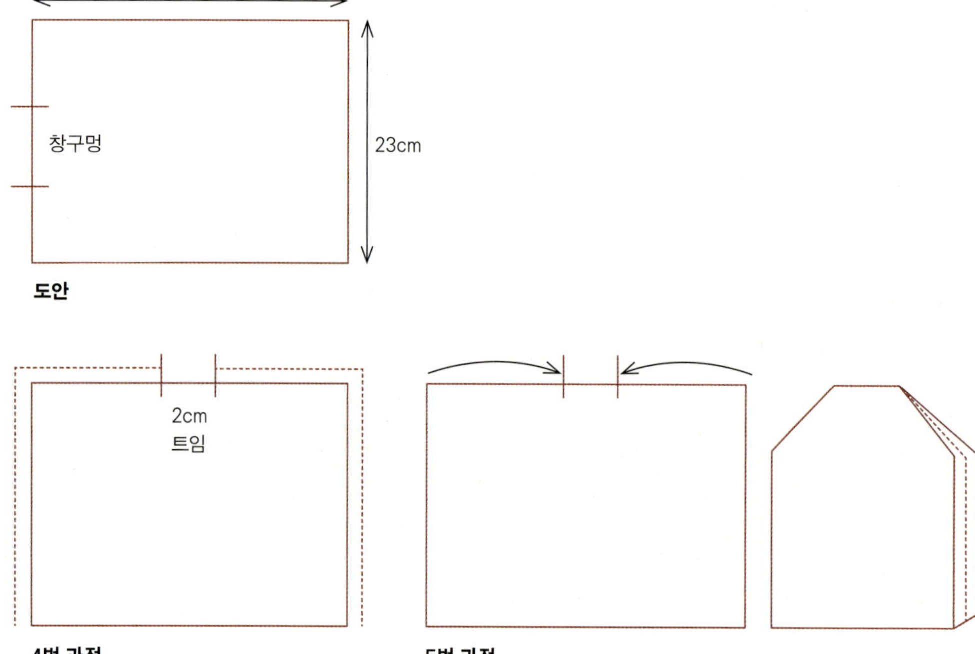

찻주전자 1

덮개

나비매듭 – 중세사 1m 50cm
국화매듭 – 중세사 90cm
안경매듭 – 12사 60cm×3, 진주구슬

받침

숫나비매듭 – 중세사 1m 50cm
매미매듭 – 중세사 1m 50cm
잠자리매듭 – 중세사 1m
꼰디기매듭 – 중세사 60cm
병아리매듭 – 중세사 1m 30cm

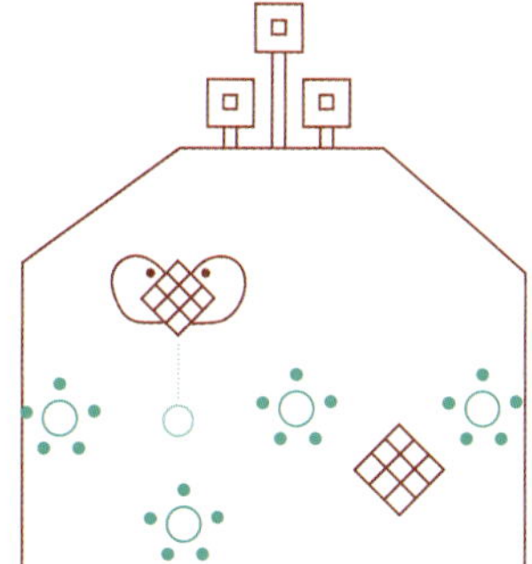

찻주전자 2
가지방석매듭 - 중세사 1m 50cm×2
생쪽매듭 - 세사 15cm×2
진주 약간

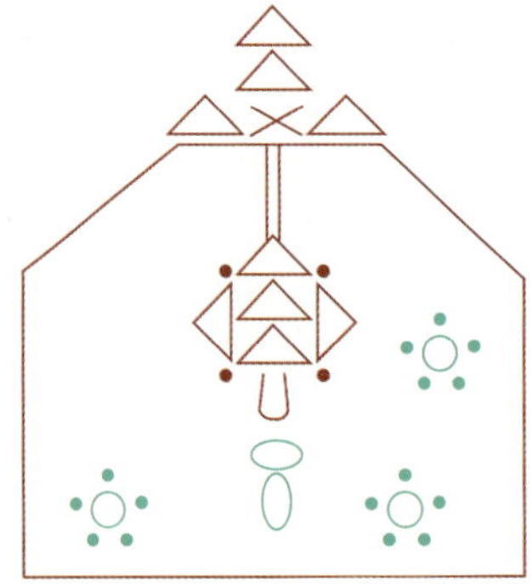

찻주전자 3

연봉매듭(윗부분) – 중세사 20cm×6
5줄의 연봉매듭 – 중세사 각 80cm, 90cm, 1m, 70cm, 40cm, 구슬 약간

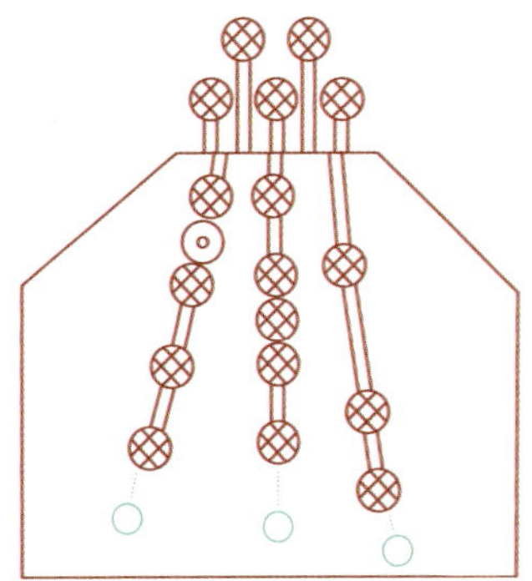

도장집

재료 겉감 13×11cm, 안감 13×10cm, 끈목 1m 50cm

만드는 방법

1 · 겉감과 안감을 맞붙여 5mm 시접을 두고 홈질한다.

2 · 반 접어 겉감은 겉감대로 홈질하고, 안감은 안감대로 홈질하며 3cm 가량 창을 낸다.

3 · 옆 솔기가 중앙에 오도록 접어 시접을 가르고 겉감이 안으로 1.5cm 들어오도록 넘겨 접어 사다리꼴로 홈질한다.

4 · 창 부분으로 뒤집고 다시 한 번 뒤집는다. 버선 하는 방법과 같이 시접이 안감과 겉감 사이에 있게 된다.

5 · 주머니 입술의 윗부분을 삼등분하여 6모 주름을 잡고 위에서 1.3cm 되는 부분에 송곳으로 구멍을 낸다.

6 · 1m 50cm 끈목을 반으로 접어 거꾸로나비매듭을 맺고 도래, 생쪽, 도래, 안경매듭, 그리고 도래, 생쪽, 도래, 구슬, 도래매듭을 맺고 주머니에 끼운 후 뒤는 도래매듭으로 마무리한다.

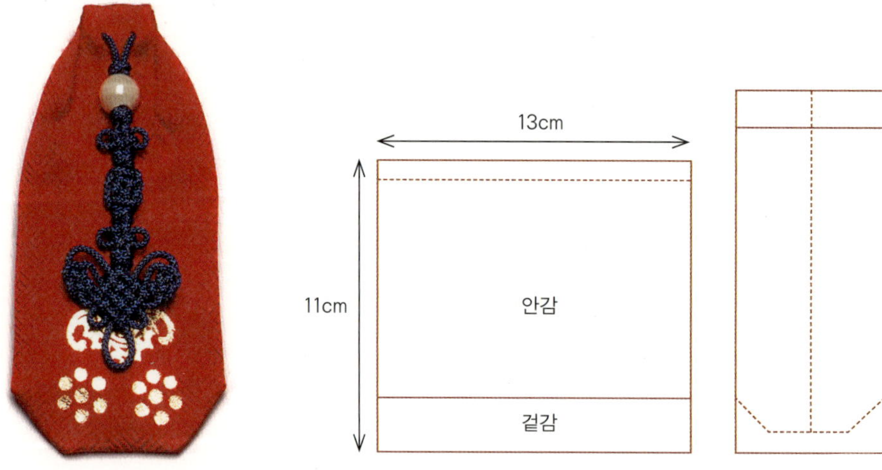

대자띠

재료 비단천 1m 40cm×11cm, 끈목(지름 1mm) 17m

만드는 방법

1· 천을 긴 쪽으로 반을 곱접어 5mm 시접으로 홈질하고 안에 부직포를 대고 다려준다.

2· 뒤집어 양쪽 끝은 홈질하지 않고 망사매듭을 14단 맺는다.

3· 망사매듭은 끈목을 4의 배수(예: 24가닥, 36가닥)로 준비하여 네 가닥을 잡고, 맨 오른쪽 가닥을 가운데 두 가닥 위에 놓는다. 맨 왼쪽 가닥을 그 위로 놓으며 두 선 밑으로 해서 위로 빼준다.

4· 다음은 왼쪽으로 간 네 번째 가닥을 두 가닥 위에 놓고 오른쪽으로 간 첫 번째 가닥을 밑에서 위로 빼주면 된다.

5· 이 과정을 한 단 다 맺으면 두 번째 단은 두 올을 남기고 같은 방법으로 맺어 둥근 원의 형태가 되도록 만들며 조인다.

6· 남은 부분을 6.5cm씩 남기고 가지런히 자른다.

7· 엮는 방법은 칠보매듭(206-208쪽) 참고

전통 매듭 재료 살 수 있는 곳

- 청계천5가 2266-5115
- 남대문시장 D동 1층
- 동대문종합시장
- 종로4가 2275-9918